観光ビジネス

中島　恵
(NAKAJIMA, Megumi)

目次

はじめに……………………………………………………………………………………2

第1章　北海道観光における土産産業………………………………………………8

第2章　ミシュラン社のガイドブック事業………………………………………26
　　　　　－多角化戦略としてのフード・ツーリズム促進策－

第3章　ミシュランガイドの経営不振……………………………………………37

第4章　東京ディズニーランド開業期の人材育成………………………………47
　　　　　－アルバイトの人材の質の変化に着目して－

第5章　テーマパーク産業におけるイノベーターのジレンマ…………………59
　　　　　－巨大資本の優良テーマパークはハイエンド市場で圧勝する－

第6章　米ウォルト・ディズニー社のレイオフとストライキ…………………84
　　　　　－二大経営者ウォルト・ディズニーとマイケル・アイズナーの思想比較－

第7章　ディズニーランド・パリの経営不振と人員削減………………………104
　　　　　－ユーロディズニーS.C.A.の労働組合の動向－

短編1　「夢と魔法の王国」の御用組合　－オリエンタルランドの労働組合－………111

第8章　「夢と魔法の王国」の光と影　－オリエンタルランドの非正規雇用問題－………115

短編2　オリエンタルランド労組OFSの初代チェアマンが役員に昇進………………136

短編3　ハリウッドでの解雇劇……………………………………………………138

第9章　USJの沖縄新テーマパーク計画撤回　－キーファクターはカジノ事業可能か－………141

短編4　USJに就職する方法………………………………………………………147

第10章　クール・ジャパン・コンテンツとテーマパーク……………………150

短編5　なぜ広島には大型テーマパークが根付かないのか……………………199

短編6　エンターテイメント産業のトップ企業の類似性………………………203
　　　　　－ウォルト・ディズニー社とレアル・マドリード－

はじめに

問題意識

　2003年、小泉政権は「観光立国」とビジット・ジャパン・キャンペーンを掲げ、訪日外国人観光客年間1,000万人を目指した。この時とても達成不可能と思われた目標値であった。日本政府観光局（JNTO）によると、2003年に訪日外国人は5,211,725人であったが、2004年に6,137,905人、2005年に6,727,926人と増加を続け、2006年に730万人を突破、2007年に830万人を突破した、2011年3月の東日本大震災で大幅に減らしたものの、2012年に830万人を回復し、2013年についに1,036万人を突破し、2014年には1,341万人を突破した。年によるが、最も多いのは韓国人、次は中国人、3位は台湾人である。4位以下、香港、タイ、シンガポール、マレーシア、インドネシア、フィリピン、ベトナム、インドとアジア勢が続く[1]。

　それ以前の日本の観光ビジネスはアウトバウンドが中心であった。アウトバウンド観光とは日本人が外国に観光に行くこと、インバウンド観光とは外国人が日本に観光に来ることである。

　日本の観光ビジネス研究ではインバウンドの重要性と、訪日外国人の観光行動や各種指標のグラフが並ぶ研究が散見される。どのようにビジネスが行われているのか企業経営の視点が少ない。本書では各種観光ビジネスを営む企業がどのように悪戦苦闘しながらビジネスを展開しているか考察する。成熟社会では、どんなに頑張っても低成長、低利益率、低賃金上昇率である。企業も家計も節約志向で合成の誤謬を引き起こす。合成の誤謬がさらなる縮小均衡を呼び起こす。そこで外国人観光客を日本に呼び込み、活発な消費を期待したい。

　2015年にユーキャン新語・流行語大賞を受賞した「爆買い」であるが、2016年夏には爆買いの減少や終焉が報道されるようになった。それは、①中国の景気低迷、②富裕層よりも中間層の来日が増加したこと、③円高、④都心の爆買い御用達店のボッタクリ行為などが重なったことによると報道されている。中国人観光客の爆買い需要が一段落し、「モノ消費」から「コト消費」へと消費が推移している。二回目以降の訪日では、メジャーな観光地ではなく、強い嗜好が現れる個人行動をとる観光客が目立つ。そのため様々な企業にビジネスチャンスがあたる。東京、箱根、富士山、京都、大阪へと続く外国人観光客にとっての「ゴールデンルート」以外のエリアにも観光客が行くようになっている。

---

[1] 日本政府観光局「ビジット・ジャパン事業開始以降の訪日客数の推移（2003年～2014年）」2016年5月25日アクセス http://www.jnto.go.jp/jpn/reference/tourism_data/pdf/pdf/marketingdata_tourists_after_vj.pdf

本書のメインテーマ

本書では様々な観光ビジネスを取り上げ、それらがどのように経営されているのか、経済効果などを合わせて考察する。私は経営学の研究者で、経営戦略論が専門なので、観光ビジネスにおける経営戦略を特に重点的に考察する。

本書で一貫して訴えたいテーマの一つは観光ビジネスの難しさ、厳しさである。産業の黎明期はたいして実力の無い企業や人材もそれなりに収益を上げることができたが、成熟期に入ると、実力ある人が必死に努力しても収益を上げることが難しくなる。本書では、成功している観光ビジネスをいくつか取り上げ、具体的に何をしているか考察する。

社会の成熟がもたらす更なる負の側面として、非正規雇用問題とそれに伴う正社員との格差問題を考察している。この問題は観光ビジネスを直撃している。各種観光ビジネスには東京証券取引所一部上場企業が多数ある。しかし経済状態がいいのはそこの正社員と一部の安定経営の中堅・中小企業の正社員だけである。観光ビジネスは繁忙期に需要が集中し、閑散期の方が断然長いため、非正規雇用に頼らざるを得ない。大手でもパート、アルバイト、契約社員、派遣社員等が多い。旅行代理店、テーマパーク、空港、エアラインなど観光ビジネスの大手企業は華やかなイメージで、就職人気が高い。都市部の高級ホテルのフロント、コンシェルジュ、ウェディングプランナーなどもまた華やかなイメージで若年層から人気の職種である。しかし華やかな世界ほど舞台裏は地味でハードで低収益体質である。午前9時から午後5時が定時のはずもなく、需要に応じて働くシフト制が多い。現場は早朝勤務から夜勤まである。

ただし筆者は「だから観光ビジネスで働くのは止めよう」と言っているのではない。どの産業も飽和して観光ビジネスと似たり寄ったりの状態に陥っている。このような時代には、専門性を高める努力が必要である。バブル崩壊までは、新卒採用で入った企業に従順に従いながら有能なゼネラリストになることが有効で、優秀かつ理想的なサラリーマン人生であった。しかしバブル崩壊後は専門性を身につけ、その人の独自性・創造性のある仕事で上に行かれなければ生き残れない。アルバイト、派遣、そして人工知能に取って代わられる。人工知能は今後タクシー業界を直撃することが決定している。観光は裾野が広い産業である。タクシー、電車、バスなど日常の交通も観光ビジネスの一部となる。人工知能の発達で、将来タクシーは自動運転になることが必至である。現在 Google を退社した技術者達が開発していて、実用化の目処が立っているようである。タクシー運転手は独自性・創造性の無い仕事である。カーナビ普及前なら細かく道を覚えていることが仕事能力となったが、今はそうではない。専門性を身につけ、その専門分野における従来のルーティンワークをこなすのではなく、独自性・創造性を発揮しよう。そうしないと人件費の安さのみが売りの人材になる。独自性・専門性の低い業務の

多くはルーティンワークである。ルーティンワークとは定型業務（何も考えずにいつも同じ仕事を続けること）である。これでは入社3ヶ月目と6ヶ月目の人の差が付きにくい。年齢で考えると、25歳の人と30歳の人の能力差が付きにくい。25歳の人と40歳の人の能力差も付きにくいのである。その割に、日本企業には年齢給、勤続給がある。年齢給とは歳が上がるとともに上がっていく給料、勤続給とは勤続年数が長くなるとともに上がっていく給料である。日本企業は諸外国に無いこの給与システムのために、若いほど雇用されやすく、年とともに雇用されにくくなる。ただしアルバイト、派遣、日雇いのように給与が年齢や勤続年数に関係ない非正規では雇用されやすい。それでワーキングプアにつながる。ワーキングプア（働く貧困層）とは勤務時間が長く、ハードで責任が重いにもかかわらず低収入な労働者である。

　2000年代以降の日本社会では、最初は契約社員という非正規雇用からスタートして正社員に這い上がる雇用システムが一般的になっている。または定年まで契約社員であるが、真面目な勤務態度ならば定年まで安定雇用が前提で、なおかつ昇給（給与が上がること）するという正社員と実質ほぼ同じ雇用も増えている。現代に職を求める労働者は、非正規雇用から逃れられない運命にある。飽和した現在、どのような仕事でもガツガツ上を目指して貪欲に頑張る人しか生き残れない。

　重要なので繰り返す。観光ビジネスは需要が休日に集中するため、アルバイトや派遣などの非正規雇用が多い。非正規雇用で頭を使わないルーティンワークをして若い時期を終わらせてはいけない。その後、改善されず、一生ワーキングプアに陥る。観光は日本政府が重点的に取り組む政策である。訪日外国人の増加により、インバウンド観光で稼ぐことができるようになった。無限のチャンスが広がるのである。

各章の概要

　本書は各章完結型である。筆者の著書は各テーマパークのみを参考にする人が多いため各章完結型にしている。参考文献は各章末に記す。本書は観光ビジネス論や観光経営論の授業で教科書として使用するため、観光学部や経営学部の大学生、大学院生、観光ビジネスに携わる実業界の方々に向いている。

　第1章「北海道観光における土産産業」では、日本の地方観光で有力かつブランド力の高い北海道観光におけるお土産産業の現状を考察する。お土産事業は最小単位としては自営業が可能である。多くの人に参入機会がある。ただしライバルは多い。

第2章「ミシュラン社のガイドブック事業 —多角化戦略としてのフード・ツーリズム促進策—」では1900年に始まったミシュランガイドがフード・ツーリズムを生成し、フランス食文化を向上させたこと、そして2004年以降の急速な国際展開を考察する。

第3章「ミシュランガイドの経営不振」では急速に増やしすぎたミシュランガイドがブランド価値を低下させたこと、インターネットで情報を得る時代への変化に乗り遅れたことから、経営不振に陥っていることについて考察する。ミシュランガイドの北海道特別版ではラーメン店が選ばれるなど、ヨーロッパだけの時代に比べて高級店ガイドの性格が弱くなった。

第4章「東京ディズニーランド開業期の人材育成 —アルバイトの人材の質の変化に着目して—」では1980年代に東京ディズニーランド（TDL）でアルバイトをしていた人へのインタビュー調査から、観光ビジネスでは顧客に直接接する人材の育成が非常に重要であるが、現在の若年層を相手に難しくなっていることが明らかになった。

第5章「テーマパーク産業におけるイノベーターのジレンマ —巨大資本の優良テーマパークはハイエンド市場で圧勝する—」では、先進国の優良企業は高価格・高品質に突き進みすぎて、新興企業の低性能・低価格な製品との競争に敗れる（クリステンセン, 1997）。テーマパーク産業では巨大資本を持つディズニーが圧勝しているが、大きな落とし穴が待っていた。

第6章「米ウォルト・ディズニー社のレイオフとストライキ —二大経営者ウォルト・ディズニーとマイケル・アイズナーの思想比較—」では、華やかに見えるアメリカのディズニー社で繰り広げられるレイオフ（一時解雇）とストライキ（労働争議）の歴史を経営者の思想を比較しながら考察する。

第7章「ディズニーランド・パリの経営不振と人員削減—ユーロディズニーS.C.A.の労働組合の動向—」では、ヨーロッパではいまいち振るわないディズニーランド・パリの経営状態と人員削減の動向を考察する。

短編1「『夢と魔法の王国』の御用組合 —オリエンタルランドの労働組合—」では、典型的な日本の大企業であるオリエンタルランドの御用組合の発足当時から現在までほとんど動きの無い労働組合について考察する。

第8章「『夢と魔法の王国』の光と影 —オリエンタルランドの非正規雇用問題—」では、栄華を誇る東京ディズニーリゾート（TDR）の影の部分、非正規雇用問題を考察する。TDRでは9割がアルバイトであるが、それだけではない。ミッキーマウス等のパフォーマーは間接雇用の偽装請負である。

短編2「オリエンタルランド労組OFSの初代チェアマンが役員に昇進」では、オリエンタルランドの労働組合初代チェアマンを追跡調査したら、2004年にオリエンタルランドの取締役や

執行役員になっていることが判明した。やはりオリエンタルランドの労働組合も他社と同様に出世する社員のキャリアパスの一部と考えられる。

短編3「ハリウッドでの解雇劇」では、ユニバーサル・スタジオを経営する企業（MCA）やルーカスフィルム（ジョージ・ルーカスの映画制作会社）などの大手企業でも従業員の解雇が実施された。その怨恨でMCA本社ビルでライフル乱射事件が起こるなど、激しい戦いを繰り広げている。

第9章「USJの沖縄新テーマパーク計画撤回 —キーファクターはカジノ事業可能か—」では、大阪市でユニバーサル・スタジオ・ジャパン（USJ）を経営する㈱ユー・エス・ジェイが沖縄県名護市でリゾートを新設すると発表し、後に計画撤回された一連の動きを考察する。名護市の新リゾートにカジノ（ギャンブル）を併設できるかが鍵であった。カジノ・ツーリズムは利権の巣窟である。

短編4「USJに就職する方法」では、就職先として人気急上昇のUSJに正社員で就職したいという相談を多く受けるため、ここでお答えする。これは私のブログでアクセス数が多いので、世間の関心が高いと言える。おそらくオリエンタルランドの入社試験を受ける人の多くが㈱ユー・エス・ジェイを受けると推測できる。さらに同社の実力向上のため、激戦である。

第10章「クール・ジャパン・コンテンツとテーマパーク」では、日本のアニメ、漫画、ゲーム等のクール・ジャパンという知的財産がテーマパークで利用され、人気を博し、集客に寄与していることから、アンケート調査によって消費動向を分析する。

短編5「なぜ広島には大型テーマパークが根付かないのか」では、あるマスコミ取材をきっかけに広島にディズニーやUSJのような大型テーマパークが無い理由を考察した。広島の観光業では原爆ドーム、宮島（厳島神社）、エンターテイメント産業では広島カープとサンフレッチェ広島、そして無料の商業施設乱立、東京や大阪への交通の便の良さなどが要因である。

短編6「エンターテイメント産業のトップ企業の類似性 —ウォルト・ディズニー社とレアル・マドリード—」では派手さでディズニー社に負けない企業を3社挙げて類似性を考察している。本当の商品は夢と憧れと情熱と興奮と熱狂である。

謝辞

本書は私にとって8冊目の単著となる。私が研究に邁進できるのは支えてくれる家族のお陰である。家族の支えと愛に感謝している。研究者としての私を好きな家族に恵まれた。

学生との何気ない会話で色々なヒントをもらっている。学生たちにも感謝したい。最新の情報を仕入れるのは若者からに限る。いつも新鮮な情報をありがとう。

同僚や学会で知り合った先生方にはアカデミックな考え方を教えて頂いている。非常にありがたい。研究職に就いてそれなりに時間はたったが、まだまだ修業中の身である。

　私の研究の原点である大学院時代の仲間たちには、ほとんど会えなくてとても寂しいが、遠方でお互いに頑張っているのを知っている。大人になったらそういう友情も良いと思う。これからも良き出会いに恵まれることを祈る。これまでの良い出会いに一生感謝する。

　最後に、今回もまた尊敬するウォルト・ディズニーとマイケル・アイズナーに感謝を捧げる。ウォルト・ディズニーはテーマパーク産業の偉大な父である。ウォルトがディズニーランドを成功させなかったら、世界にテーマパーク産業は広がらなかった。旧来型の小型遊園地のみであった。ウォルトはフロリダ州のディズニーワールドの計画半ばにして癌で急死した（1966年）。その後1984年まで低迷していたディズニー社は、同業のパラマウント映画から敏腕プロデューサー、マイケル・アイズナーをCEOとしてヘッドハンティングしてきた。アイズナーは短期間に業績を回復させ、誰も予想しなかった巨大優良企業に押し上げ、ダウジョーンズ30の一社になるに至った。アイズナーはディズニー社の中興の祖である。ウォルトとアイズナーがいなかったら、テーマパーク産業がここまで発展することはなく、私が夢中になれる研究テーマが無かった。研究テーマを見つけられない私は何を研究していたのだろう。先行研究を研究するだけの地味で無難な研究に行き着いただろう。私はこの世界で耐えられたのか。研究者としてものになったのか。そもそも研究職に就けたのか。全く想像できない。ウォルトとアイズナーがいなかったら、今の私は無かった。高学歴ワーキングプアとしてどこかでフリーターになっていたかも知れない。

　私は2004年にディズニーランドの研究を始め、2016年9月現在で12年を超えた。ウォルトとアイズナーほどパワフルに前向きに事業に励む人はいない。アイズナーは著書に「毎朝、起きると会社に行くのが楽しみで仕方ない」と書いている。そんな人が他にいるだろうか。普通は毎朝仕事に行くのが嫌で仕方ない。私も毎朝起きると研究をするのが楽しみで仕方ないというレベルに早く到達したい。ウォルトは近代家族経営としてディズニー社の礎を築き、アイズナーはそれを改革して現代アメリカ型巨大優良企業に成長させた。ウォルトは夢と憧れと情熱を持ち、友情と家族愛を軸に事業を構築した。アイズナーはグリード（強欲）資本主義の王道を行く「資本主義の権化」である。恥じずに資本主義の権化っぷりを貫く豪快なアイズナーの大ファンである。

　諸事情で遅れている博士論文であるが、ウォルトとアイズナーを主役にしていい論文に仕上げることをここに誓う。

2016年9月30日　　　中島　恵

第1章　北海道観光における土産産業

１．はじめに

　2003 年 1 月の日経 MJ（マーケティングジャーナル）は各地の土産品の売上ランキングを発表した。人気ランキングではなく、売上ランキングであるので、消費者の感情ではなく、実際の購買行動が伴っている。そこでの 1 位は赤福餅（三重県）で、2 位が白い恋人（北海道）、5 位が六花亭「マルセイバターサンド」、9 位がロイズコンフェクト「生チョコレート」であった。北海道勢がトップ 10 に 3 つランクインした。1 位の赤福餅と 2 位の白い恋人の差は小さい（後述）。2003 年の土産市場の市場規模は推定 2 兆 5,000 億円から 3 兆円であった。巨大産業であるにもかかわらず、これまでの北海道観光におけるお土産の重要性がほとんど研究されていない。経済や産業の研究において、土産産業はこれまでほとんど研究されていない。観光で活性化しようとすると、宿泊、輸送（電車・バス・フェリー・旅客）、飲食、観光施設等が注目される。日本の土産市場の規模が 2 兆円を超えることから、もっと注目されるべきである。訪日外国人が 1,000 万人を超える昨今、土産市場はより大規模になっているはずである。なお、市場規模とは一国の一年間の売上高である。

　また 2010 年に日本政府観光局が中国・上海を中心に訪日旅行を手掛ける旅行会社 46 社にアンケートところ、2010 年に観光客が増えそうな旅行先（複数回答）は「北海道と東京か関西の周遊」が 84% でトップ、「北海道単独」が 73% で 2 位と、北海道の人気が高いことが判明した。日本での楽しみは「買い物」「桜」「紅葉」「温泉」「スキー・雪遊び」がそれぞれ 5 割超と上位に並んだ。北海道は中国映画の舞台になったことなどから人気に火が付き、初めて日本を訪れる人でも北海道を選ぶ人が増えていた[2]。

　このように外国人観光客を着実に伸ばしていること、日本での楽しみの一つが買い物であることから、北海道観光と北海道の土産産業の現状を考察する意義がある。

　本章の課題は、北海道観光における土産産業の現状と課題を検証することである。北海道の地域ブランドも合わせて考察する。

---

[2] 2010/05/24 日経 MJ（流通新聞）4 頁「中国人の旅行先、「北海道単独」73%、政府観光局調べ、映画の舞台で人気。」

２．土産ランキングにおける北海道ブランド

　2003年1月、日経MJは各地の土産品を対象に初めての全国調査を実施した。上位は小売販売額が80億円を超え、巧みなマーケティングや伝統技術で売り上げを維持している。土産産業の市場規模は推定で2兆5,000億—3兆円であった。大企業の参入やインターネットを利用した特産品販売など地殻変動も起き、新たなビジネスチャンスを伺う活力に満ちていた。北海道からは石屋製菓「白い恋人」（2位）、六花亭「マルセイバターサンド」（5位）、ロイズコンフェクト「生チョコレート」（9位）の洋菓子三社がランキングに入った。販路を広げず地元密着に徹することでブランド価値を維持している商品が多い。赤福餅の販売地域は三重県、愛知県、大阪府が中心で、他は京都府と兵庫県のごく一部である。東京の有力百貨店などの出店要請も固辞し続けている。十代目の浜田益嗣社長は「生き残り競争の時代。決して安住はできない」と慎重であった。白い恋人などの北海道勢も、他府県に常設販売網を持たない。「レール物」と呼ばれる広域販売型の土産品と一線を画す。石水勲・石屋製菓社長（当時）は「もらった人がきちんと北海道を想起することが大切」と考え、有名百貨店の物産展や国内航空便への搭載で知名度を高めるなど、マーケティングに工夫を凝らし、全国的な人気を獲得した。土産の歴史は交通網の発達を映す鏡でもある[3]。

---

[3] 2003/01/04 日経MJ（流通新聞）1頁「発見みやげパワー——売上高1位「赤福」、2位「白い恋人」…（地方発ブランド）」

表1：日本の土産トップ30（2003年）

	商品名	会社名	売上高(円)	地域
1	赤福餅	赤福	85.5億	三重
2	**白い恋人**	**石屋製菓**	**85億**	**北海道**
3	辛子明太子	福さ屋	82.5億	福岡
4	辛子明太子	やまやコミュニケーションズ	80億	福岡
5	**マルセイバターサンド**	**六花亭**	**75億**	**北海道**
6	カステラ	福砂屋	60億	長崎
7	東京ばな奈	グレープストーン	55億	東京
8	ひよ子	ひよ子	50億	福岡・東京
9	**生チョコレート**	**ロイズコンフェクト**	**40億**	**北海道**
10	シウマイ	崎陽軒	38億	神奈川
10	笹かまぼこ	鐘崎	38億	宮城
12	萩の月	菓匠三全	37億	宮城
13	うなぎパイ	春華堂	30億	静岡
14	辛子明太子	ふくや	30億	福岡
15	桔梗信玄餅	桔梗屋	27億	山梨
15	芋ようかん	舟和本店	27億	東京
17	わさび漬	田丸屋本店	25億	静岡
18	宇都宮餃子	宇都宮餃子会	24.5億	栃木
19	夕子（あん入り生八ツ橋）	井筒八ツ橋本舗	23.8億	京都
20	かもめの玉子	斉藤製菓	23億	岩手
20	もみじ饅頭	にしき堂	23億	広島
22	青柳ういろう	青柳総本家	22.5億	愛知
23	伊達の牛たん	伊達の牛たん本舗	21億	宮城
24	ひとくち餃子	点天	20億	大阪
25	おたべ（あん入り生八ツ橋）	おたべ	19億	京都
26	聖（あん入り生八ツ橋）	聖護院八ツ橋総本店	17.8億	京都
27	一六タルト	一六本舗	15億	愛媛
27	神戸プリン	トーラク	15億	兵庫

| 27 | ぬれ甘なっと | 花園万頭 | 15億 | 東京 |
| 27 | 雷おこし | 常盤堂雷おこし本舗 | 15億 | 東京 |

出典：2003/01/04 日経MJ（流通新聞）1頁「発見みやげパワー——売上高1位「赤福」、2位「白い恋人」…（地方発ブランド）」

表2：上位進出を伺う土産品

売上高12億円以上15億円未満	陣太鼓（熊本・お菓子の香梅）、博多通りもん（福岡・明月堂）、稲庭うどん（秋田・佐藤養助商店）、千枚漬け（京都・西利）、南部（津軽）せんべい（岩手・岩手屋）、おもかげ・夜の梅（東京・虎屋）
売上高10億円以上12億円未満	吉備団子（岡山・広栄堂）、因幡の白うさぎ（鳥取・寿製菓）、鶴乃子（福岡・石村萬盛堂）、**とうきびチョコレート（北海道・スノーベル）**、かすたどん（鹿児島・薩摩蒸気屋）
売上高7億円以上10億円未満	青菜漬け（山形・三奥屋）、千鳥饅頭（福岡・千鳥屋ファクトリー）、勝喜梅（和歌山・勝喜梅）、軽羹（鹿児島・明石屋菓子店）、ずんだもち（宮城・味喜屋）

出典：2003/01/04 日経MJ（流通新聞）1頁「発見みやげパワー——売上高1位「赤福」、2位「白い恋人」…（地方発ブランド）」

*売上高は一企業が生産する単一ブランドの小売りベース。都道府県などの情報を基に日経MJが直接各メーカーから聞き取り調査、土産需要と自家消費など地域内消費の比率を各企業の分析から算出して土産物売り上げの順位をつけた。複数企業が手がけている生鮮品などは合計するとランキング上位の売り上げを上回る可能性もある。

*未回答企業はランキングに含めていない。

2003年4月、日本全国土産物総覧によると、千歳空港内土産物取扱店の北海道の土産品のトップ3は白い恋人、六花亭、ロイズとなった。生産者が細分化し、一般の食材として消費される数量も多かった[4]。

---

[4] 2003/01/04 日経MJ（流通新聞）4頁「発見みやげパワー——日本全国土産物総覧、お国自慢ランキング、東日本」

表3：北海道の土産物総覧（千歳空港内土産物取扱店）

	商品名	企業
1	白い恋人	石屋製菓
2	マルセイバターサンド	六花亭
3	生チョコレート	ロイズコンフェクト
4	とうきびチョコレート	スノーベル
5	北海道ベビースターラーメン	ナシオ

出典：2003/01/04 日経MJ（流通新聞）4頁「発見みやげパワー——日本全国土産物総覧、お国自慢ランキング、東日本。」

　2006年8月、「日経プラスワン」はもらってうれしいと思うお土産商品を調査した。調査会社のマクロミルを通じ、全国の20—60代の男女1,032人に「もらってうれしいと思うお菓子のおみやげ」を同年8月上旬にインターネットでたずねた。全国の主要な空港、駅の売店に聞き取り調査して、54の選択肢を作成し、最大5つまで選んでもらい、集計した[5]。

表4：もらってうれしい菓子の土産（N=1,032）

	商品名	企業	本社所在地	ポイント	価格
1	白い恋人	石屋製菓	札幌市	1015	630 円
2	マルセイバターサンド	六花亭製菓	北海道帯広市	955	1100 円
3	赤福餅	赤福	三重県伊勢市	586	700 円
4	萩の月	菓匠三全	宮城県大河原町	543	1050 円
5	神戸クリームチーズケーキ	寿香寿庵	兵庫県西宮市	523	1200 円
6	うなぎパイ	春華堂	静岡県浜松市	298	787 円
7	もみじ饅頭	にしき堂本店	広島市	261	530 円
8	東京ばな奈	グレープストーン	東京・杉並	254	1000 円
9	黒のおたべ	おたべ	京都市	195	630 円
10	笹だんご	さかたや	新潟市	180	1370 円

---

[5] 2006/08/12 日経プラスワン1頁「もらってうれしい菓子のみやげ——定番の味、再会楽しみ（何でもランキング）」

出典：2006/08/12 日経プラスワン 1 頁「もらってうれしい菓子のみやげ——定番の味、再会楽しみ（何でもランキング）」

＊価格は主な分量（個数）について示した。

＊ランキングに入っているもの以外では、きびだんご（廣榮堂、岡山市）、栗かの子（桜井甘精堂、長野県小布施町）、新垣ちんすこう（新垣菓子店、那覇市）、ひよ子（東京ひよ子、東京都台東区）、茂木ビワゼリー（茂木一まる香本家、長崎市）などを選択肢としてあげた。上記はいずれも、11 位以下で上位に入った。

　続いて、日経リサーチが実施した 2008 年の「地域ブランド戦略サーベイ」で、全国各地の名産品 390 ブランドの総合評価が明らかになった。讃岐うどんは 2006 年の前回調査から 3 つ順位を上げ、大間まぐろがベストテン入りするなど、メディアを通じて知名度を上げた産品が上位を占めた。一方、名産品の購入者の満足度ランキングは総合評価とズレも多く、地域ブランドに対する消費者の目は厳しいこともわかった。調査は、名産品が持つ「独自性」「愛着度」「プレミアム（値段が高くても購入したい）」「推奨意向（人に薦めたい）」の 4 つの評価指標を総合指数化した。総合ランキングでトップに立った「讃岐うどん」は 2006 年調査に比べ「高くても購入したい」「人に薦めたい」の 2 指標の評価が高まった。2006 年に映画「UDON」が公開されたり、テレビなどでユニークな地元店が紹介されたりとメディア露出も増加した。同時にチェーン店の増加や冷凍麺の普及で、香川県民以外の人が讃岐うどんを実際に食べる機会が拡大した。消費者とのつながりが深まり、ブームから定番のブランドとして定着したようだ。同じくメディアでの露出がランキングに大きく影響したのが青森県の「大間まぐろ」が前回 40 位が 10 位へと急上昇した。一本釣りする漁師のドキュメンタリーやドラマなど、多くのテレビ番組で取り上げられ、国産の高級マグロとしての認知が進んだ。ただ、愛着度などの評価に比べ「高くても購入したい」「人に薦めたい」の評価は伸び悩んだ。今回から菓子ジャンルの調査対象に入った「白い恋人」が 6 位につけた。2007 年に賞味期限改竄問題を起こしたが、北海道土産の定番商品として改めて人気の高さを裏付けた。百貨店の「北海道物産展」を除き、道内限定での販売戦略もブランド力に好影響を与えている。調査方法は全国の 16—69 歳の男女を対象に 2008 年 9 月にインターネットで実施した。390 の名産品を対象とし、回答者は 1 万 638 人であった。1 人の回答者につき 15 ブランドを無作為に割り当て、①他とは違う「独自性」を感じるか、②どの程度「愛着」を感じるか、③値段が高くても商品・ブランドを購入したいと思うか、④商品・ブランドをどの程度「人に薦めたい」と思う

か、という4項目について5段階で評価してもらった。回答結果を統計的手法で集計し、ブランド知覚指数（PQ）として総合評価した。PQは全体平均を500として偏差値化した[6]。

表5：総合ランキング上位30位（N=1万638）

2008年	2006年	産品名	スコア	2008年	2006年	産品名	スコア
1	4	讃岐うどん	845	16	25	伊予柑	696
2	2	山形さくらんぼ	788	17	10	伊勢えび	695
3	7	紀州南高梅	766	18	—	うなぎパイ	693
4	**1**	**夕張メロン**	**764**	19	—	ひつまぶし	692
5	3	博多辛子明太子	754	**20**	**30**	**利尻昆布**	**691**
6	**—**	**白い恋人**	**720**	21	41	京野菜	689
7	9	魚沼米	714	22	22	明石焼	682
8	6	愛媛みかん	711	23	23	京料理	682
9	8	鳥取二十世紀梨	711	24	26	宇治茶	682
10	40	大間まぐろ	710	25	19	青森りんご	680
11	5	松阪牛	709	26	19	沖縄黒糖	676
12	17	博多ラーメン	706	27	—	名古屋味噌煮込みうどん	675
13	11	京都八ッ橋	704	28	37	京漬物	671
14	21	丹波黒大豆	699	29	36	越前がに	670
15	**33**	**日高昆布**	**697**	30	—	味噌かつ	662

出典：2009/02/11 日経MJ（流通新聞）3頁「地域ブランド調査、名産品は知名度が命、メディア戦略、躍進のカギ。」

---

[6] 2009/02/11 日経MJ（流通新聞）3頁「地域ブランド調査、名産品は知名度が命、メディア戦略、躍進のカギ。」

表6：各ジャンルの上位5位（最初は2008年順位、次は2006年順位）

農産（果物を除く）			果物		
1	1	魚沼米	1	2	山形さくらんぼ
2	5	丹波黒大豆	2	4	紀州南高梅
3	9	京野菜	**3**	**1**	**夕張メロン**
4	6	宇治茶	4	5	鳥取二十世紀梨
5	4	沖縄黒糖	5	3	愛媛みかん
水産			畜産		
1	1	博多辛子明太子	1	1	松阪牛
2	10	大間まぐろ	2	4	神戸牛
3	**8**	**日高昆布**	3	3	小岩井乳製品
4	2	伊勢えび	4	10	米沢牛
5	**5**	**利尻昆布**	5	2	名古屋コーチン
菓子			郷土料理		
1	**—**	**白い恋人**	1	1	讃岐うどん
2	—	京都八ッ橋	2	3	博多ラーメン
3	—	うなぎパイ	3	—	ひつまぶし
4	—	長崎カステラ	4	4	明石焼
5	—	名古屋ういろう	5	5	京料理

出典：2009/02/11 日経MJ（流通新聞）3頁「地域ブランド調査、名産品は知名度が命、メディア戦略、躍進のカギ。」

異業種からの土産菓子市場参入

　2014年になると、土産市場で変化が起きていた。異業種の参入で地方発のヒット商品が生まれ、まんじゅうや民芸品など古くからある定番品に取って代わろうとしていた。インターネット通販などで各地の商品が手軽に購入できるようになった現在、旅行者、出張者の心をつかむ商品とは何か。新千歳空港（北海道千歳市）の土産店が様変わりしていた。全日空商事が運営するANAFESTAは2013年12月、売り場のレイアウトを変更した。「マルセイバターサンド」といった定番品を店頭から店内に引っ込め、替わりにおかき菓子「大通公園名物　札幌おかきOh！焼とうきび」やチョコ菓子「コレット」など道外ではあまり知られていない商品を並

べた。これらはすべてカレー店運営のYOSHIMI（札幌市）の土産菓子である。全日空商事の高田達也統括マネージャーは「定番品を買うのは年に1回北海道に来る人たち。地元客や出張で何度も来る人は違う」と述べている。同店ではYOSHIMI商品は売上高が全体の1割強を占めるまでに成長した。YOSHIMIは北海道土産の企画で急成長している。他のメーカーに製造委託する事業モデルで2006年に参入した。2009年発売のカレー味のせんべい「札幌カリーせんべい　カリカリまだある?」や2011年発売の焼とうきび等ヒット商品が相次ぎ、2013年11月期の事業売上高（小売ベース）は23億円と2012年比で3割増えた。勝山良美社長は贈答用、社用などの土産を買う人が減り、これから伸びるのは自己消費型、自分用に買ってもらうには①価格、②デザインと名前、③味、④時流が鍵になると述べている。価格は手軽に購入できるよう600-700円に設定し、インパクトのあるパッケージと商品名を考える。店頭で客に強く印象づければ「この値段なら冒険してもいいか」と手に取ってもらえる。インパクトのあるパッケージと名前をどう生み出すか。例えば焼とうきびの場合、箱の前面に大きく焼きトウモロコシの絵を描いて目を引くようにした。名前は「大通公園名物　札幌おかき　Oh!焼とうきび」と長いが、札幌大通公園の名物の焼きトウモロコシを再現したおかきという特徴がすぐに連想できる。料理人らしく、地元産の食材を使い、試作を重ねて理想の味に近づける。例えばカルビーと共同開発したスパイス味のポテトチップス「ジャガJ」である。商品化に1年以上かけ、作った試作品は40を超えた。通常は販売価格に対して原価を決めて企画するのが一般的だが、YOSHIMIはまず味を優先し、材料費が高くなれば、容量を減らして調整する。その結果、1グラムあたり単価は高くなったが、男性会社員に受け、年間3億円販売するヒット商品になった。勝山社長は「30〜50代の味の分かる大人をターゲットにすれば間違いない」と話す。そして、すべての商品に通じているのは時流を読むこと。勝山社長は今後は焼き菓子が伸びると予想している。コンビニで手軽においしいコーヒーが買えるようになり、自宅や職場でそのお供となる菓子の需要が高まると予測している。2013年12月には「北海道クッキー」を発売し、次のヒット商品に育てる考えであった。YOSHIMIの土産品プロジェクトは常時8つ同時進行している。なかには東京や沖縄の菓子メーカーからの依頼もあるという。北海道で生まれた新定番品を作る手法は全国に広がりつつある[7]。このYOSHIMI商品の急成長で、2014年になると札幌雪まつり期間の土産の売上はランキングが変動した。既存の白い恋人、マルセイバターサンド、ロイズにYOSHIMI商品が食い込んできた。

---

[7] 2014/03/17 日経MJ（流通新聞）1頁「新定番の座つかめ、ヒットお土産、意外な担い手、カレー店が「札幌おかき」、YOSHIMI、味追求、「自分用」誘う。」

表7：さっぽろ雪まつり期間の人気土産ランキング（2014年）

順位	商品名	販売元	価格
1	白い恋人	石屋製菓	1,110円など
2	じゃがポックル	カルビー	840円
3	マルセイバターサンド	六花亭製菓	1,150円など
4	**札幌おかきOh！焼とうきび**	**YOSHIMI**	630円
5	白いブラックサンダー	有楽製菓	1,000円
6	マルセイキャラメル	六花亭製菓	560円など
7	生チョコレート	ロイズコンフェクト	693円
8	**コレット**	**YOSHIMI**	1,130円など
9	ほがじゃ	山口油屋福太郎	630円など
10	**ジャガJ**	**YOSHIMI・カルビー**	690円

出典：2014/03/17 日経MJ（流通新聞）1頁「新定番の座つかめ、ヒットお土産、意外な担い手、カレー店が「札幌おかき」、YOSHIMI、味追求、「自分用」誘う。」
＊流通しんぽう調べ。札幌市内と新千歳空港の土産店19店に2月5〜11日の売れ筋商品を聞いた。

3．北海道の地域ブランド力

　ここで合わせて、北海道の地域ブランド力を考察する。地域ブランド力や人気度は観光客誘致に影響がある。

　2009年1月、日経リサーチは全国の都道府県や都市、名産品などがどれくらい認識され、ブランド力を持つかを調べた「2008年地域ブランド力調査」の結果をまとめた。調査は2006年に続き、2回目となった。北海道、京都、沖縄というトップスリーは変わらなかった。宮崎は「（地域の商品を）買いたい」「行きたい」「住みたい」3つの意向でランクが大幅上昇した。タレント出身の経歴を生かし「宮崎県のセールスマン」として活躍する東国原英夫知事が原動力になった。「買いたい」では、食や民芸品の宝庫である東北各県の健闘も目立った。14位から10位へとベストテン入りした長野県は「行きたい」、15位から12位に上がった愛知県は「住みたい」の評価が高かった。「人に薦めたい」「高くても買いたい」などの意向を反映させた各地の名産品の総合ランキングでは1位から5位に、讃岐うどん（香川県）、山形さくらんぼ、紀州南高梅（和歌山県）、夕張メロン（北海道）、博多辛子明太子（めんたいこ、福岡県）の順で並んだ。初めて調査対象に加えた石屋製菓（札幌市）の菓子「白い恋人」が総合で6

位になった。菓子の中では「他の人に薦めたい」の項目でトップだった。調査方法は全国の
16―69歳男女に対し2008年秋、インターネットで実施した。地域総合評価は都道府県、旧国
名、市と東京23区、観光地の合計1,079カ所を対象に2万3,422人が回答。名産品は390品
目について1万638人が答えた。地域調査は「買いたい」「行きたい」「住みたい」の3つの
意向に「愛着度」「独自性」を加えて総合評価した。名産品調査は愛着度、独自性に「高くて
も買いたい」「人に薦めたい」の2つの意向を加味して順位付けした。いずれも全体平均を
500として偏差値化した 。

　2009年9月、民間調査会社のブランド総合研究所（東京・港）が発表した今年の地域ブラン
ド調査で、函館市が2008年まで3年連続1位だった札幌市を抜き、初のトップとなった。今
回初めて調査した都道府県ランキングでは、北海道が京都府を引き離し1位となった。函館市
は「食事がおいしい」「買いたい土産や地域産品がある」といった点が評価された。西尾正範
市長は「開港150周年を迎えて街の魅力アップに取り組んでおり、大変喜ばしい」とのコメン
トを出した。ただ函館市の観光客数は市が目標とする500万人を2008年度まで4年連続で下
回っており、高い評価を集客につなげる工夫が問われる。市町村ランキングの調査は4回目
で、全国783市と東京23区、地域ブランドの確立に意欲的な194町村が対象、全国の20〜60
代の男女約3万2,000人にインターネットを通じ調査した 。

　2010年9月、民間調査会社のブランド総合研究所（東京・港）が発表した2010年の地域ブ
ランド調査で、札幌市が市区町村別の魅力度ランキングで首位となった。札幌市は「食事がおい
しい」「買いたい土産や地域産品がある」といった点で高く評価された。一方、2009年に開
港150周年を迎えた函館市は、各種イベントが一巡したことが首位陥落の一因となったよう
だ。全国786市と東京23区、地域ブランドの確立に意欲的な191町村が対象で、全国の20〜
60代の男女約3万4,000人にインターネットを通じて調査した 。

表8：地域ブランド力調査・都道府県ランキング（N＝2万3,422人）

2009年	2006年	都道府県	地域PQ	2009年	2006年	都道府県	地域PQ
1	1	北海道	1,022	24	26	山梨県	611
2	2	京都府	963	25	21	秋田県	603
3	3	沖縄県	949	26	33	三重県	600
4	5	東京都	859	27	32	富山県	599
5	4	大阪府	847	28	26	岩手県	589
6	7	兵庫県	813	29	24	愛媛県	586
7	6	神奈川県	801	30	31	香川県	586
8	9	鹿児島県	757	31	38	滋賀県	586
9	8	福岡県	745	32	22	高知県	582
10	14	長野県	741	33	25	山形県	582
11	10	奈良県	734	34	37	大分県	578
12	15	愛知県	727	35	30	岡山県	576
13	13	静岡県	695	36	39	岐阜県	565
14	12	長崎県	694	37	34	山口県	560
15	28	宮崎県	688	38	42	福井県	552
16	11	広島県	682	39	40	鳥取県	548
17	18	青森県	677	40	34	福島県	539
18	16	千葉県	650	41	45	佐賀県	530
19	17	新潟県	648	42	41	徳島県	524
20	20	石川県	637	43	36	埼玉県	520
21	23	熊本県	625	44	46	島根県	512
22	19	宮城県	622	45	44	茨城県	488
23	29	和歌山県	614	46	47	栃木県	485
				47	43	群馬県	484

出典：2009/01/28 日本経済新聞　地方経済面 東京 15頁「日経リサーチ地域ブランド力調査
——東京4位、宮崎は15位浮上。」

表 9：町の魅力度ランキング（N≒3 万 2,000 人）

2009 年	2008 年	市町村	都道府県
1	2	**函館市**	**北海道**
2	1	**札幌市**	京都府
3	3	京都市	沖縄県
4	4	横浜市	東京都
5	6	神戸市	奈良県
6	5	**小樽市**	神奈川県
7	8	鎌倉市	大阪府
8	7	**富良野市**	兵庫県
9	10	金沢市	福岡県
10	9	軽井沢町	長崎県

出典：2009/09/16 日経 MJ（流通新聞）4 頁「最も魅力的な街は函館、民間ネット調査、札幌抜く――都道府県でも北海道 1 位。」

表 10：2010 年魅力度ランキング（N≒3 万 4,000 人）

2010 年順位	2009 年順位	市区町村	人口（人）	世帯数	一世帯当たり人数
1	**2**	**札幌市**	1,942,306	932,319	2.08
2	**1**	**函館市**	272,288	143,912	1.89
3	3	京都市	1,469,069	698,113	2.01
4	4	横浜市	3,709,686	1930,756	1.92
5	**6**	**小樽市**	125,701	66,008	1.90
6	5	神戸市	1,538,090	695,057	2.21

出典：2010/09/09 日本経済新聞　地方経済面 北海道 1 頁「市区町村別の魅力度、札幌首位に返り咲き。」

＊人口、世帯数、一人当たり人数は筆者が追加。

● 　札幌市 HP「人口統計」2014 年 9 月 27 日アクセス

http://www.city.sapporo.jp/toukei/jinko/jinko.html

● 　函館市 HP「函館市の人口」2014 年 9 月 27 日アクセス

http://www.city.hakodate.hokkaido.jp/docs/20140300373

- 京都市 HP「京都市統計ポータル」2014 年 9 月 27 日アクセス

http://www.city.kyoto.jp/sogo/toukei/Population/

- 小樽市 HP「平成 26 年 8 月末現在の世帯数及び人口」2014 年 9 月 27 日アクセス

http://www.city.otaru.lg/jp/sisei_tokei/reiki_toukei/jinko/jinko_26.data

- 神戸市 HP「毎月推計人口」2014 年 9 月 27 日アクセス

http://www.city.kobe.lg.jp/information/data/statictics/toukei/suikeijinkou.html

　ここで、観光業で成功している人の経済状態を表す指標として北海道内高額納税者を提示する。2005 年を最後に高額納税者名簿の公表が廃止されたため、2005 年の情報を挙げる。アメリカの Forbes が日本の長者番付を発表するが、一部の人しか掲載されていないようである。2005 年 5 月、道内 30 税務署は 2004 年の所得税額が 1,000 万円を超えた高額納税者を公示した。対象は 2003 年より 4%少ない 1,841 人である。道内経済の低迷を反映して 4 年連続で減少し、1983 年の現行制度への移行後で最低となった。道内最高額は 6 年連続樋口百合子社長で、納税額 8 億 8,700 万円で、全国で 11 位に入った。納税額 1 億円超は 2003 年より 5 人少ない 10 人となった。北海道電力相談役の泉誠二氏の納税額が 5,700 万円、伊藤組土建会長の伊藤義郎氏が同 4,800 万円だった[8]。

　大病院とパチンコ経営者が目立つ中、北海道の観光ビジネスの経営者が二名ランクインした。9 位の加森観光[9]の社長と 13 位の石屋製菓（白い恋人）の社長である。

　事前予想よりも札幌に富が偏在している。3 位の小林氏以外は全員札幌に居住している。小林氏は北見市で病院を経営している。12 位の村上氏は江別市在住であるが、札幌市中央区大通に職場があることと、江別市と札幌市が隣接することから、札幌市の富の一部と考えていいだろう。その富は納税という形で地域活性化につながっている。2003 年、2004 年当時、日本は長引く平成不況の中、パチンコは大盛況であった。しかしパチンコ依存症、借金、子供を車の中に置いてのパチンコで死亡など、問題が噴出し、その後の規制でパチンコが低リスク低リターンとなったためか、パチンコ不況に陥っている。その後は個人情報保護法で公表されなくなったため不明である。

---

[8] 2005/05/17 日本経済新聞　地方経済面 北海道 1 頁「高額納税者、道内、最低の 1841 人──昨年、4 年連続で減少。」
[9] 加森観光は経営破綻したテーマパーク等のレジャー施設を買い取って経営している。加森観光は昭和 56 年創業、資本金約 81 億円、本社、札幌市中央区、東京支社、東京都中央区銀座、主要業務は旅客運輸、観光施設、ホテル、スポーツ施設、飲食、売店、娯楽施設の経営、不動産開発・賃貸である。
加森観光株式会社 HP　http://www.kamori.co.jp/

表 11：北海道内高額納税者（単位：千円）

2004 年順位	2003 年順位	名　前	住所	職　業	備　考	所得 税額
1	1	樋口 百合子	札幌市	会社役員	補正下着販売のサミットインターナショナル社長	887,916
2	2	田中清司	札幌市	会社役員	同、専務	511,534
3	4	小林達男	北見市	開業医	小林病院院長	240,736
4	6	東原俊郎	札幌市	会社役員	パチンコ太陽グループ社長	235,250
5	7	池下照彦	札幌市	開業医	札幌東和病院院長	162,879
6	5	田中正巳	札幌市	医療法人役員	医療法人タナカメディカル院長	162,022
7	11	中山修子	札幌市	不動産貸付業	新札幌パウロ病院会長	141,586
8	—	庭頼公武	札幌市	開業医	記念塔病院院長	134,037
9	**—**	**加森公人**	**札幌市**	**会社役員**	**加森観光社長**	120,006
10	16	竹林克重	札幌市	開業医	長生会病院院長	109,107
11	—	北川好昭	札幌市	会社役員		89,655
12	—	村上英二	江別市	会社役員	弁護士（事務所は札幌市中央区）	88,819
13	**19**	**石水　勲**	**札幌市**	**会社役員**	**白い恋人の 石屋製菓会長**	86,723
14	—	美山正広	札幌市	会社役員	パチンコ、飲食等の正栄プロジェクト社長	86,275
15	—	高橋 順一郎	札幌市	医療法人役員	愛心メモリアル病院理事長	85,667

出典：2005/05/17　日本経済新聞　地方経済面　北海道 1 頁「高額納税者、道内、最低の 1841 人——昨年、4 年連続で減少。」

＊一は 21 位以下

＊備考は筆者調べ。氏名を入れて検索した。同姓同名には「札幌市」「北海道」などを加えて検索した。

4．まとめ

本章では、北海道観光における土産産業の現状と課題を考察した。

2003年土産売上高トップ30の上位10位内に白い恋人、六花亭、ロイズが入っていることが明らかになった。これらトップ30以外にも、上位を狙う売上高7億円以上の土産品が多数ある。土産品はその企業の売上のみならず、地域活性化や観光地としてのブランド力向上に寄与する。2003年の時点で日本の土産市場が2.5－3兆円（年間）と推測されることが明らかになった。意外な巨大産業である。トップ企業（赤福餅・約80億円）のシェアが約2.7％と、寡占が進まない産業である。寡占とは、少数の大企業がその国のその産業のほとんどを占有していることである。例えば、日本の自動車産業はトヨタ、日産、ホンダ等の少数の大企業の売上が大半であるため、寡占が進んでいる。規模の経済性、範囲の経済性を得るためにも大企業であることに経済的なメリットがある。土産産業は自営業や家族経営が可能なため、誰でも参入可能である。しかしながら、小規模な企業では規模の経済も範囲の経済性も得られない。今後世界的な人口爆発で食品不足が深刻化することが確実である。それは仕入れ値に反映される。だから小規模な企業では仕入れ原価の高さをカバーできないので企業のM&A（吸収合併）が進むのである。土産産業が中小企業ばかりであることを考えると、地場産業として成功しているからと推測できる。しかしクッキーとチョコレートの白い恋人は札幌市の地場産業ではない。チョコレートと小麦を輸入に頼っている。

製菓以外の土産品では、夕張メロン、利尻昆布、日高昆布がランキングに入っている。これらは地場産業のブランド化に成功した事例である。

北海道の土産市場は全国的に競争力ある製品が3種あり、そこにYOSHIMIという新興ブランドが急成長していることが明らかになった。老舗三種とは直接競合しない菓子であるため、甘い菓子以外の新規市場の開拓といえる。カルビー等の大手企業と提携して「ジャガJ」という商品を発売していることから、企画がYOSHIMIで、カルビーの大規模な工場で大量生産していると推測できる。

土産産業は中小企業や家族経営、自営業者が参入可能である。売上に応じて生産規模と従業員数の拡大が可能である。大手企業数社による寡占が進まない珍しい産業である。誰にとってもビジネスチャンスのある産業である。寡占とは、その市場が複数の大手企業に独占されていることである。例えば、日本の自動車産業はトヨタ、日産、ホンダ、三菱、ダイハツ、スズキ等に寡占されている。他の企業の参入は困難を極める。しかし少額の資本金で開業可能な土産菓子ならば中小企業や自営業者が参入できる。ただしそのような産業を「参入障壁が低い」と言う。無尽蔵にライバル企業が増えることは覚悟が必要である。

地域ブランド調査（2010年）に北海道内から三市（札幌市・函館市・小樽市）が選ばれた。京都市、横浜市、神戸市より上位に入る三市のブランド力は突出している。これら三市は観光地および居住地としての魅力を打ち出すことができれば、観光収入も税収も得られ、街の活気も得られるだろう。函館市と小樽市は何か競争力ある土産品のヒットに成功すれば、石屋製菓（白い恋人）のような経済的貢献度の高い企業になりうる。

　なお、北海道観光で失敗に終わった事業は、閉鎖された炭鉱のテーマパーク化である。北海道芦別市の三井芦別炭鉱跡地にカナディアンワールド（赤毛のアンがテーマ）を1990年に開業させたが、1997年に閉園し、市民公園となっている 。また夕張市には夕張炭鉱跡地に「石炭の歴史村」があるが廃墟のように寂れている。産業の観光化はそのくらい難しい。

　今後の研究課題は、北海道の土産産業で圧倒的な存在感を示す白い恋人を経営する石屋製菓の観光産業への貢献を考察することである。

＜参考文献＞

● 2010/05/24 日経MJ（流通新聞）4頁「中国人の旅行先、「北海道単独」73％、政府観光局調べ、映画の舞台で人気。」

● 2003/01/04 日経MJ（流通新聞）1頁「発見みやげパワー——売上高1位「赤福」、2位「白い恋人」…（地方発ブランド）」

● 2003/01/04 日経MJ（流通新聞）4頁「発見みやげパワー——日本全国土産物総覧、お国自慢ランキング、東日本。」

● 2005/05/17 日本経済新聞　地方経済面 北海道 1頁「高額納税者、道内、最低の1841人——昨年、4年連続で減少。」

● 2006/08/12 日経プラスワン 1頁「もらってうれしい菓子のみやげ——定番の味、再会楽しみ（何でもランキング）」

● 2009/01/28 日本経済新聞　地方経済面 東京 15頁「日経リサーチ地域ブランド力調査——東京4位、宮崎は15位浮上。」

● 2009/02/11 日経MJ（流通新聞）3頁「地域ブランド調査、名産品は知名度が命、メディア戦略、躍進のカギ。」

● 2010/09/09 日本経済新聞　地方経済面 北海道 1頁「市区町村別の魅力度、札幌首位に返り咲き。」

● 2009/09/16 日経MJ（流通新聞）4頁「最も魅力的な街は函館、民間ネット調査、札幌抜く——都道府県でも北海道1位。」

- 2014/03/17 日経MJ（流通新聞）1頁「新定番の座つかめ、ヒットお土産、意外な担い手、カレー店が「札幌おかき」、YOSHIMI、味追求、「自分用」誘う。」
- カナディアンワールド公園HP　2014年9月27日アクセス
  http://www4.ocn.ne.jp/~canadian/
- 加森観光株式会社HP　http://www.kamori.co.jp/

第2章　ミシュラン社のガイドブック事業
‒多角化戦略としてのフード・ツーリズム促進策‒

1．はじめに

　食べることは人間にとって楽しみであり、強い動機付けとなる。動物は植物と異なり自分で栄養素を作れない（光合成を行わない）ため、動き回って栄養素を摂取する必要が生じた。その点で植物の身体構造の方が動物のそれより優れているのであるが、動物、特に人間は動き回る能力があるため飛躍的な進化を遂げた。豊かな社会になって長時間経過すると、人間は生命維持のための栄養摂取という動機付けではなく、食べる楽しみ、味わう喜びを求めて食するようになった。既においしい味付けに舌が慣れている。そんな我々を旅行させる動機付けの一つであるフード・ツーリズムは、目的を食、または目的の一つを食とする旅行、観光のことである。

　1900 年より経営戦略としてのフード・ツーリズムが成功をおさめている企業にフランス最大手のタイヤ製造企業ミシュランが挙げられる。ミシュラン社はモータリゼーションが起こったばかりのフランスで、自動車ドライバー向けに車道の地図に自動車修理店、ガソリンスタンド、レストランなどを載せてガイドブックを作成した。途中から星を使っての格付けを行うようになり、後に一流レストランを紹介するガイドブックという役割を担うようになった。本章の目的は、ミシュラン社のガイドブック事業に関する大まかな社史を追いながら、第1に、自動車産業の黎明期におけるガイドブック事業への多角化、第2に、フード・ツーリズム促進策としてのガイドブック事業、第3に、革新型リーダーによる同事業の国際展開、第4に、ガイドブック事業の現状について検証することである。

　同社のガイドブック事業は、次の理由から本章の対象に適している。第1に、同事業は製造業の多角化として始まったフード・ツーリズム促進策で、第2に、フード・ツーリズムの先駆けとも言える優良企業の成功事例で、第3に、同社のガイドブックに載ると世界中から観光客が押し寄せると一般的に言われており、フード・ツーリズム促進に寄与していると考えられることである。

2．自動車産業の黎明期におけるガイドブック事業への多角化

　ミシュラン社はフランス人のミシュラン兄弟が始めた企業で、操業当初は農業機械やゴム製品を製造していた。その後同社はタイヤ事業に多角化していく。そして 1900 年に自動車ドライバー向けに車道、自動車修理店、ガソリンスタンド、飲食店などを載せたガイドブックを作成

する。1900年のフランスといえばモータリゼーションの黎明期であった。当時の自動車は富裕層の玩具でありステイタス・シンボルであった。富裕層の男性が自動車を所有し、所有する喜びに自己陶酔したり、また女性を乗せて遊んだりする、つまり豪華なデートの手段であった。現在でいうスーパーカーやセスナ、ヘリコプターである。富裕層の男性がそれらを所有し、所有する喜びに陶酔したり豪華なデートに使ったりするのを想像してみれば分かるだろう。1900年の自動車はそのような性格を有していた。

　経営学を研究する筆者は、経営戦略の教科書でケーススタディとしてこう紹介されているのを何度か見ている。「タイヤメーカーであるミシュラン社は、自動車ドライバーのさらなるドライブを促進し、タイヤの磨耗を早め、買い替え需要を促すためにレストランガイドブック事業に多角化した。いいレストランを目的としたドライブ促進を狙った。」それを初めて聞いた時、筆者は大学生で、そのためにおいしいレストランを調査してガイドブックを作り、タイヤという消耗品の買い替え需要を促進するとはなんという賢い戦略なのだと感嘆した。しかし筆者はこのたび同社の公式HPを見て驚いた。同社がガイドブック事業に多角化した理由に、それと異なる理由が挙げられているのである。

　その概要は以下のようになる。「自動車の黎明期（1900年）に、同社はより良い自動車生活のために、自動車向けの道路地図の発行、街路名の看板配布、自動車修理工場、ガソリンスタンド、ホテル、レストランなどの紹介を一冊の本にまとめ無料で配布した。1920年より広告を廃止して有料で販売するようになり、1926年からは星で格付けを始めた」つまり経営戦略論での定説を同社は認めていないのか、定説が事実ではなく事実は同社のHPにあることなのか、定かではない。しかし本章では、以降同社のHPにある内容を前提に議論を進めていきたい。

3．フード・ツーリズム促進策としてのガイドブック事業

3-1.　同社の概要

　1889年、アンドレ・ミシュラン（Andre Michelin）とエドワール・ミシュラン（Edouard Michelin）の兄弟が同社を設立した。ガイドブック事業は、主としてエドワール・ミシュランが興した事業である。

　現社名をコンパニー・ジェネラル・デ・ゼタブリスマン・ミシュラン（Compagnie Generale des Etablissements Michelin[10]）という。所在地はフランスのクレルモンフェラン（Clermont-

---

[10] 仏ミシュラン社年次報告書2007年

Ferrand）、マネージング・パートナー（CEO）はミシェル・ロリエ（Michel Rollier）氏、全世界で従業員数12万5,000人、売上高約168億ユーロ（2007年度）である。同社はフランス最大手かつヨーロッパ最大手のタイヤ製造企業である。2008年、同社の売上高の約0.5%（約8,400万ユーロ）をガイドブック事業が占めている。日本ではタイヤよりもガイドブックが有名なので、売上高のたった0.5%とは驚きである。

　若干ややこしいが、『○○2008年版』を発行するのは2007年11月～12月である。そのため発行年は『○○200X年版』より1年早くなる。

3-2.　選定基準

　同社の使命は「より良いモビリティに貢献すること」である。そしてガイドブック事業の使命は「可能な限り信頼できる最新の情報を読者の皆様にお届けすること」である。
同社のガイドブックは、1900年に最初のフランス版が発行されて以来、次の5つを守り、誠実で正確な情報を載せるよう努めている。

①**匿名調査**：調査員はホテルとレストランを定期的に一般客と同じように訪問し、立場を明かさずに立ち去る。

②**独立性**：公正とも言える。同社がどのレストランを掲載するかの選択を独自に行い、編集の最終段階で調査員たちが合議制で決定する。ガイドへの掲載は無料。

③**セレクションと選定**：全ての調査員が厳密に同じ方法で調査している。

④**年次更新**：可能な限り最新の信頼できる情報を提供されるために毎年発行。評価、星の付与は毎年見直され、更新される。

⑤**同一の基準**：各国、各地域性を考慮して、より快適なドライブのために作られているが、評価基準は完全に一貫している。

　同社の審査員は全て同社の社員であり、フルタイムの仕事としてレストランやホテルの調査を行っている。その多くはホテル学校を卒業していたり、5年から10年のレストラン・ホテル業界経験者であり、採用後数ヶ月のトレーニングを受ける。同社の評価基準、料理、ワイン、レストラン・ホテル産業のあり方などを再度学習する。それから覆面捜査員として一般客を装ってレストラン等に何度も足を運ぶ。このようにして同社は厳しい目でレストラン・ホテル選んでいる。そして星の授与の決定は総意として行われ、そこを訪れた全調査員の意思の一致が前提となる。

3-3. 格付け基準

　星の基準は「レストランの格」を表すと多くの人が思っているようであるが、違うことを知って驚いた。星は純粋に料理の質や味だけで決定される[11]。その基準は、①素材の質、②調理技術の高さと味付けの完成度、③独創性、④コストパフォーマンス、⑤常に安定した料理全体の一貫性である。純粋に料理だけの評価である。

　　　　三ツ星☆☆☆：そのために旅行する価値がある卓越した料理

　　　　二ツ星☆☆　：遠回りしても訪れる価値がある素晴らしい料理

　　　　一ツ星☆　　：そのカテゴリーで特においしい料理

　　　　星無し　　　：その時点で調査員の評価に値する料理

　つまり、三ツ星と二ツ星はフード・ツーリズムを促進する施策である。

　さて、レストラン自体の建物の豪華さ、調度品、シャンデリアなどのセンスの良さ、ソファーや椅子のすわり心地の良さ、お皿やグラスのデザイン性や品質、清潔や手入れの良さ、従業員の接客の質の高さなどは全く星の数に考慮されていない。これらは、フォークとスプーンのマークで表されている。レストランにおいて料理と同等に重要と考えられるこのような部分を良くするべく努力をしても星の数に影響しないのである。換言すると、これらを良くして料理の質の低さをカバーしようとする店は選ばれないのである。これらはフォークとスプーンを組み合わせたマークの数で表される[12]。

　5つ XXXXX は「豪華で最高級」、4つ XXXX は「最高級の快適さ」3つ XXX は「非常に快適」、2つ XX は「快適」、1つ X は「適度な快適さ」である。

　個人経営のレストランは、どうしても資金の制約が大きく、建物、調度品、食器類に多額の投資を出来ないことが多いだろう。しかし星の数はこれらを良くしてのごまかしがきかないため、公平な施策といえる。2007年11月に『ミシュランガイド東京2008』で日本料理店「すきやばし次郎」（寿司屋：中央区銀座）が初めて三ツ星を獲得した。さらに快適さ・豪華さを表すスプーン＆フォークが黒の一つである店が三ツ星を獲得したことも初めてである。このようなことから同社は料理のみを評価していることが分かる。

---

[11] 日本ミシュランタイヤ株式会社HP　2008年12月2日アクセス
http://www.michelin.co.jp/guide/about_the_guide/fork_spoon.html
[12] 日本ミシュランタイヤ株式会社HP　2008年12月2日アクセス
http://www.michelin.co.jp/guide/about_the_guide/pavilion.html

そして同社はガイドブックにホテルも掲載している。ホテルの快適さの分類はパビリオンマーク で表される。さらに施設の外観や内装、レイアウト、おもてなし、サービスが特に快適なホテルは、パビリオンのマークが赤で示されている。

5つ 🏠🏠🏠🏠🏠 は「豪華で最高級」、4つ 🏠🏠🏠🏠 は「最高級の快適さ」、3つ 🏠🏠🏠 は

「非常に快適」、2つ 🏠🏠 は「快適」、1つ 🏠 は「適度な快適さ」である。

星を付与されたレストランが、ガイドブックに掲載されているホテルに入っているケースも多々あり、観光の目的は「食」と快適なホテルでの宿泊を組み合わせるなど、複合的に観光の幅が広がっている。同社のガイドブックに載っているレストランは、ほとんどが高級店なので特に富裕層をターゲットにした観光である。

現在ガイドブック（2007年版）には、全世界で合計1万6,150件の店が掲載されている。その中で星を与えられているのは約10%である[13]。つまり約90%が星無しで掲載されているが、それでも名誉なことである。

4．革新型リーダーによる事業国際展開

ミシュラン社は、2004年にナレ氏が総責任者に就任してからガイドブックの国際展開を急速に進めている。

4-1．革新型リーダーと進出先決定要因

ガイドブック事業の発行総責任者ジャン＝リュック・ナレ（Jean-Luc Naret）氏は、1963年生まれでエコール・オテリエール・ド・パリ（ホテル学校）を卒業後、ベニス・シンプロン・オリエント急行のマネージャー、パリのブリストルホテルの副支配人、その他名門ホテル副支配人などを歴任し、2000年にカリブ海のバルバドス島のサンディレーン・リゾートの改装を指揮し、「世界のベストリゾート賞」を獲得した。ミシュラン入社前はアガ・カーンが所有するホテルグループの経営を指揮するなど、20年間にわたる高級ホテル業界での経験を持つ[14]。

そしてナレ氏は2004年に同社ガイドブック事業の第六代総責任者に就任し、ガイドブック事業を非ヨーロッパ地域で初めて展開した。2005年にニューヨーク版、2006年にサンフランシスコ＆ベイエリア版、2007年にロサンゼルス版、ラスベガス版を出版した。そして2007年11

---

[13] 日経BP トレンディ
[14] 日経BP トレンディ

月に東京版を出版し、アジア地域への進出を果たした。2008年12月に香港・マカオ版が出版される予定である。ナレ氏が就任した2004年次に12種類だったガイドブックは、香港・マカオ版を含めると25種類になる。そして東京の27万部が貢献して2007年の発行部数は全世界で100万部を突破した。さらにナレ氏は、今後は米国とアジアで主要都市版を毎年一冊ずつ追加し、百年越しで育てた独自のブランド戦略をグローバルに展開し、本業の成長に役立てる構えである[15]。

　ナレ氏は既述のように第六代総責任者である。ナレ氏以前の歴代の総責任者は長年ミシュラン社で働き、副責任者のポストを経て総責任者になっている。社外から総責任者に抜擢されたのはナレ氏が初めてである。就任直後、ニューヨーク市はミシュランガイドがヨーロッパで非常に信頼されていることを知って驚き、さらに国際的に広めるべきだと思ったと述べている。そしてその第一歩にニューヨークを選んだ。ナレ氏は、社外から来た人間だからこそアメリカ版を作るという規格を提案できたのかも知れないと述べている。

　このケースは、既存の概念にとらわれず自由な発想をする革新型リーダーによる急速な事業国際展開と言えよう。

　ガイドブック事業の進出先の決定要因には4つの条件がある。①同社がタイヤ事業を展開している、②レストランの数が多い、③総じて店の質が高い、④住民の食への関心が高い、である。ナレ氏は、これら条件の優先順位は料理の配合と同じで都市によって微妙に異なるが、進出したからにはその地域で一番のガイドブックにならなければならないと述べている。したがって、タイヤ事業を展開している全市場でガイドブックを出せるわけではない。また事業であるため、進出先によって異なるが3〜5年で投資を回収するのが原則である[16]。

4-2. アメリカ、アジアへの国際展開

　ミシュラン社のガイドブック事業はヨーロッパでの1世紀にわたる成長および浸透を経て、2005年非ヨーロッパ地域に初めて進出した。選ばれた都市はニューヨークである。同市が選ばれた理由は、「ロンドン、パリ、マドリッドなどの国際的な観光地と肩を並べ、高い評価を得る料理と宿泊施設が集まっているため（ナレ氏）」である。またミシュランノースアメリカの会長兼社長ジム・ミカリ氏は、「世界各地から訪れる旅行者は、ニューヨークのことを世界で最もエキサイティング、そしてグルメな場所のひとつであると捉えてきました。ミシュランガイドが登場したことで、旅行者だけではなくニューヨーカーもこの素晴らしい都市を心ゆくま

---

[15] 日経産業新聞2008年4月28日
[16] 日経産業新聞2008年4月28日

で堪能できることでしょう」と述べている[17]。よって同事業のターゲットは旅行者のみならず現地の人も含むと言える。

　ニューヨーク市は三ツ星4件、二ツ星4件、一ツ星31件を獲得している。既述のように、三ツ星は「そのために旅行する価値がある卓越した料理」、二ツ星は「遠回りしても訪れる価値がある素晴らしい料理」であり、フード・ツーリズムを促進する施策である。

　ニューヨーク版には、ニューヨークシティ5区にある2万3,000店の中から、料理と快適さでどの予算にも見合う厳選された500件のレストランと50件のホテルが掲載されている。一つひとつのレストランとホテルが提供する料理とサービスを評価するために、訓練をつんだ調査員が匿名で訪れ、客観的な評価を行った。そして2006年サンフランシスコ版発行、2007年ロサンゼルス版、ラスベガス版発行に至った。

　続いて同社はアジア地域進出の窓口として、東京に選択した。マネージング・パートナーのロリエ氏は、東京がアジア初の都市に選ばれた理由を、①日本文化に豊かで洗練された食生活が根付き、それが重要な位置を占めていること、②その洗練さと、食事の楽しさを兼ね備えた生活スタイルが、美しい食卓作りとしても表現されていること、と述べている。またガイドブックの総責任者ナレ氏は、日本、なかでも東京を豊かな食と料理の伝統を持つ地としてアジア初のミシュランガイド出版にふさわしいと述べている。

　東京版作成にあたり、プレセレクションとして編集部で情報収集に励み、1,800件のレストランをピックアップし調査対象とした。1年目（2008年版）は調査対象の地域を中心部の8区（品川区、新宿区、渋谷区、中央区、千代田区、豊島区、港区、目黒区）に絞った。2009年版以降より対象を広げていく予定だ。その後5名の調査員が候補に挙がった全ての店に食事に行く。一般客を装って一般客と同じ扱いを受けることが必須条件である。調査対象1,800件全ての店で食事をするのに1年半ほど費やし、その中で最も優れた150件を選出した。そこに他国から10名の審査員が加わり、最終候補に残った店で食事をした。それは世界中で、①同一基準で評価するため、②外国人にも受け入れられるレストランを選ぶためである。どこの国でもこの手順を踏む。欧米で出版する際は、日本人の審査員が現地に赴き最終審査に加わる。そして年2回の「星会議」を開き、合議制で星の数を決める。ここには調査員とナレ氏が参加する。必要があれば再び当該店に食事に行く。

　東京2008年版には150件のレストランが掲載されており、その中の全てに星がついている。星無しの店が無いことはミシュラン史上初めてのことである。通常は「星無し」の店が約

---

[17] 日経BP トレンディ

90%を占めている。ここからナレ氏は、星が付く店だけに絞込み、店の数を減らし、各店の情報量を多くする、地図や概観写真も掲載するといった新しいコンセプトのガイドブックを思いついたと述べている[18]。このように新しい製品コンセプトを発想し、実行しようとする点からも、ナレ氏の革新型リーダーシップが伺える。

5．ガイドブック事業の現状

　以上のような経緯で発展してきた同社のガイドブック事業は、大まかに表1のような歴史をたどる。最初の約100年間がヨーロッパ浸透期でありブランド育成期であった。長い時間を費やしてヨーロッパに浸透させ、信頼を得てブランドを育成していった期間である。そのスピードはスローであった。2004年に社外から総責任者にナレ氏が就任して以来、革新的と言えるガイドブック事業の国際展開が始まった。ヨーロッパで培ったブランドが非ヨーロッパ地域で生きる構図である。

　同社は2008年12月の香港・マカオ版を出版する予定で、これで計23カ国をカバーすることになる。現在、毎年世界90カ国以上で約1,400万部の地図、旅行ガイド、ホテル・レストランガイドを発行している[19]。

---

[18] 日経BP トレンディ
[19] 日本ミシュランタイヤ株式会社HP「2008年8月28日プレスインフォメーション」2008年11月28日アクセス　http://www.michelin.co.jp/media_center/news/corporate/pdf/080828.pdf

表 1：ガイドブック事業の社史

年		事項	備考
1900	ヨーロッパ浸透期、ブランド育成期（スローペース）	フランスで第1号発行	3万5000部を無料配布
1908		フランス版の英語訳発行	外国人読者へ発信
1920		有料化、広告廃止	1冊7フラン
1926		星を付け始める	
1931		3つの星による格付け開始	現在の原型
それ以降		ヨーロッパ20カ国で発行	ヨーロッパでの国際展開
		イタリア、スペイン、ポルトガル、ドイツ、オーストリア、ベルギー、ルクセンブルグ、オランダ、スイス、英国、アイルランド	
		・チェコ（プラハ） ・デンマーク（コペンハーゲン） ・フィンランド（ヘルシンキ） ・ギリシャ（アテネ） ・ハンガリー（ブタペスト） ・ノルウェー（オスロ） ・ポーランド（ワルシャワ、クラクフ） ・スウェーデン（ストックホルム、ヨーテボリ）	『メイン・シティ・オブ・ヨーロッパ』版 （）内の都市をまとめて掲載
2004	急進的な国際展開期	ナレ氏ガイドブック事業の総責任者に就任	非ヨーロッパ地域を視野に入れる
2005		ニューヨーク版発行	アメリカ大陸東海岸進出
2006		東京版発行プロジェクト開始（5月）	アジア地域進出準備
2006		サンフランシスコ＆ベイエリア版発行	アメリカ大陸西海岸進出
2007		ロサンゼルス版、ラスベガス版発行	
2007		東京版発行	アジア地域進出
2009		香港・マカオ版発行	

　さらにツーリズム促進策として次の3種のガイドブックも発行している。

① 『Must See Guide』（15種類）：北米を短期間旅行する際に最適の目的地ガイド

② 『Green Guide』（60種類）：歴史、文化、芸術、建築物の説明など、世界中を長期間かけて旅行する際に役立つガイド

③『The Wine Regions of France』（1 種類）：フランスのワインガイド

　③はフード・ツーリズム促進を目的としており、①と②は食を含めて様々な目的の観光を促進する内容である。

　2008 年 12 月現在、22 カ国を対象に次の 25 種類のガイドブックを発行している[20]。

　フランス版（フランス語版・英語版）、イタリア版（イタリア語版・フランス語版）、スペイン・ポルトガル版、ポルトガル版、ドイツ版、オーストリア版、ベルギー・ルクセンブルグ版、オランダ版、スイス版、英国・アイルランド版、メイン・シティ・オブ・ヨーロッパ版、『レ・ボン・プティット・ターブル・ドゥ・ギド・ミシュラン』（フランス国内のビブグルマンの店のみを集めたガイド）、ロンドン版、パリ版（フランス語版・英語版）ニューヨークシティ版、サンフランシスコ＆ベイエリア版、ロサンゼルス版、ラスベガス版、東京版（日本語版・英語版）、『ル・ギド・ミシュラン・デ・シャンブル・ドット』（フランス国内のゲストハウスを紹介するガイド－フランス語版）、『ゲストハウス・イン・フランス』（フランス語版・英語版）である。

6．まとめ

　本章では、ミシュラン社のガイドブック事業に関する大まかな社史を追いながら、第 1 に、自動車産業の黎明期におけるガイドブック事業への多角化、第 2 に、フード・ツーリズム促進策としてのガイドブック事業、第 3 に、革新型リーダーによる同事業の国際展開、第 4 に、ガイドブック事業の現状について検証してきた。

　フード・ツーリズムという切り口でミシュランのガイドブック事業を検証すると、同社は、より良いドライブ促進のために自動車ドライバーに有用な情報を集めて載せたガイドブックを作成していたのであるが、時を経て一流のレストラン・ホテル紹介のガイドブックに性格を変化させ、食を目的とした観光促進策という性格を有するようになっている。

　2004 年に革新型リーダー・ナレ氏がガイドブック事業の総責任者に就任して以来、急進的に国際展開を進めている。ナレ氏は、社内での現場たたき上げではなく、社外から総責任者として入社したレストラン・ホテル産業のエキスパートである。同社でのしがらみや固定観念が無かったためにできた発想が随所に見られる。ナレ氏のリーダーシップとそのフォロワー達の活躍によって同事業は飛躍的な広がりを見せている。それが滞りなく進むのは、①ヨーロッパで 1 世紀かけてのノウハウ、信頼、ブランド作りという基盤があるから、②メンバーの日常業務

---

[20] 日本ミシュランタイヤ株式会社 HP　2008 年 12 月 2 日アクセス
http://www.michelin.co.jp/guide/foreign/index.html

への弛まぬ取り組みがあるからと考えられる。また収益向上という目的のみならず、世界的な食文化、快適な旅行への貢献といった社会貢献の思想も根底にあるのだろう。

　同社のアジア進出は東京をスタート地点に選択し、大成功を収めた。初年度から東京版27万部発行というのは快挙である。それを合わせてミシュランガイドは世界で100万部を初めて突破した。25種類のガイドブックの中で、東京版が約27％を占めている。

　また同社は「アジア2号店」に香港を選択している点でディズニーランドと同じパターンと言える。東京で大成功したディズニーランドは、20余年を経て香港に設立したが、2008年12月当時、成功とは言いがたい結果である。日本は欧米文化を素直にすんなり受け入れる国民性である。同社のガイドブック事業はどうなるであろうか。ミシュランガイドが進出先で人気を博するということは、レストラン・ホテル紹介を読んで参考にするだけではなく、進出先の国民にとってフランスの食文化、旅行文化を受容するという行為である。同社がアジア発の進出先国に日本を選択した理由として、既述のように、ナレ氏は「豊かな食と料理の伝統を持つから」、仏マネージング・パートナーのロリエ氏は「①日本文化に豊かで洗練された食生活が根付き、それが重要な位置を占めている、②その洗練さと、食事の楽しさを兼ね備えた生活スタイルが、美しい食卓作りとしても表現されている」と述べている。しかしもう一つの理由は、同社は公式に認めていないが、欧米文化をすんなり受容する日本の国民性にあるのではないだろうか。

＜主要参考文献・URL＞

● 　日経産業新聞　2008年4月28日2頁「ブランド浸透狙う『ミシュランガイド』—アジアで毎年一冊追加」

● 　日経BP社HP「日経BPトレンディ」『ミシュランガイド総責任者ジャン＝リュック・ナレ氏に聞く　ミシュランガイド東京2008の舞台裏』2008年11月27日アクセス

● 　日本ミシュランタイヤ株式会社HP　2008年11月17日アクセス
　　http://www.michelin.co.jp/guide/history/index.html

● 　仏ミシュラン社HP　2008年11月25日アクセス
　http://www.michelin.com/corporate/front/templates/affich.jsp?codeRubrique=9&lang=EN

● 　仏ミシュラン社年次報告書2007年　2008年12月3日アクセス
　　http://www.michelin.co.jp/corporate/annual/pdf/2007.pdf

第3章　ミシュランガイドの経営不振

１．はじめに

　フランスで歴史と伝統を誇るミシュランガイドであるが、ジャン＝リュック・ナレ氏の快進撃によって急速に拡大しすぎて、従来なら選ばれないレベルの店も選ばれるようになったのではないか。そのためにブランド価値が低下したのだろう。さらにインターネット普及で店の情報だけが欲しく、ガイドブックという紙媒体の本を購入したくないという消費行動の変化も後押しして、ミシュランガイドは経営不振に陥っているようである。

　本章では、ミシュランガイドの経営不振の経緯と現状を考察する。

　2016年5月現在の日本国内のミシュランガイドは新しい方から順に次のようになっている。なお特別版も随時見直しして掲載している。①富山・石川（金沢）2016特別版、②東京2016、③京都・大阪2016、④兵庫2016特別版、⑤奈良2016、⑥横浜・川崎・湘南2015特別版、⑦福岡・佐賀2014特別版、⑧広島2013特別版、⑨北海道2012特別版である[21]。

２．仏ミシュラン社の2015年度期末業績

　仏ミシュラン社はフランスのタイヤメーカーでヨーロッパ最大シェアの大企業である。世界のタイヤ市場は仏ミシュラン、アメリカのグッドイヤー、日本のブリジストンで席巻している。

　仏ミシュラン社ことコンパニー・ジェネラル・デ・ゼタブリスマン・ミシュラン（フランス名）の2015年12月31日期末の2015年度期末業績は次のようになる[22]。

<財務概要>

2015年：9億6,500万ユーロの力強いフリーキャッシュフロー創出（買収算入前）

販売トン数は市場を上回る3.2%の増加

営業利益（特別損益算入前の営業利益）は4億700万ユーロ増の25億7,700万ユーロ、

売上高比12.2%を達成

2016年：販売量のさらなる成長

為替レートの変動による影響を除外した場合の営業利益(特別損益算入前の営業利益)の増加

---

[21] 日本ミシュランタイヤ株式会社HP　プレスリリース2016年5月31日「「ミシュランガイド富山・石川（金沢）2016特別版」発表」2016年8月3日アクセス
file:///Users/nakajimamegumi/Downloads/20160531.pdf
[22] コンパニー・ジェネラル・デ・ゼタブリスマン・ミシュランの2015年度期末業績（2015年12月31日期末）2016年8月3日アクセス　file:///Users/nakajimamegumi/Downloads/20160303%20(1).pdf

- 販売トン数は全事業セグメントにおいて市場を上回って 3.2%増加し、特に乗用車・ライトトラック用タイヤが伸びた（6.7%増）。
  - ・第4四半期の伸びはグループ全体で4.2%、乗用車・ライトトラック用タイヤで8.7%
- 力強いフリーキャッシュフローは、3 億 1,200 万ユーロの買収算入前で 9 億 6,500 万ユーロであった。これは 2014 年を下回った 18 億 400 万ユーロの資本支出を反映している。
- 営業利益率の著しい伸びは、特に以下の要因を始めとする極めて好調な下半期（12.3%）によるものである。
  - ・乗用車・ライトトラック用タイヤ：2014 年下半期比 2.6 ポイント上昇の 12.2%
  - ・トラック用タイヤ：2014 年下半期比 2.6 ポイント上昇の 11.1%
  - ・特殊タイヤの良好な回復力：通年で 18.6%
  - ・予想通り、下半期において価格ミックスおよび原材料は 1 億 500 万ユーロのプラスの影響
- 競争力強化計画は年間で 2 億 6,100 万ユーロの増加をもたらし、生産コストおよび諸経費の増加を再び相殺した。
- 2015 年のミシュラン株の 4 億 5,100 万ユーロの株式買戻しおよび株式消却（発行済資本比 2.7%）に続き、2016 年 1 月に株式買戻し計画の新たな限度額を発表した。
- グループの将来への信頼を反映して、配当性向 37%となる 1 株当たり 2.85 ユーロの配当が 2016 年 5 月 13 日の年次株主総会で株主に提案される。最高経営責任者のジャン＝ドミニク・スナールは以下のように発言している。「2015 年、私たちはグループの提供する高い品質のおかげで、販売トン数において有益かつ市場を上回る成長を収め、すべての当社事業において新たな市場シェアを獲得しました。私たちの成長および利益率は共に著しく向上しました。2016 年以降を展望して、私たちは引き続き 4 つの分野に取り組んでいく必要があります―すなわち、顧客サービスの強化、業務活動の効率化、デジタル・ソリューションの展開および当社チームへの権限付与の向上です。強化された経営基盤を得て、グループは正しい方向に進んでおります。」
- 今後の見通し

2016 年、乗用車・ライトトラック用タイヤおよびトラック用タイヤの需要は成熟市場では上昇が続き、新興市場では引き続き 2015 年のトレンドに沿ったものとなる見込みである。特殊タイヤの需要は、鉱業会社の在庫削減による影響を引き続き受けると予想される。こうした環境下におけるミシュランの 2016 年の目標は、少なくとも事業を展開している市場における世界的

トレンドに一致した販売量の成長、為替レート変動による影響を除外した場合の営業利益（特別損益算入前の営業利益）の増加、および8億ユーロを上回る構造的なフリーキャッシュフローを達成することである。2016年から2020年にかけて、グループは営業利益率（特別損益算入前の営業利益率）について、乗用車・ライトトラック用タイヤセグメントでは11%から15%、トラック用タイヤセグメントでは9%から13%、そして特殊タイヤセグメントでは17%から24%という意欲的な目標を設定した。

　2015年度のミシュラン社の売上高は約211億ユーロ、営業利益約25億ユーロ、営業利益率12.1%（うち乗用車・ライトトラック用タイヤおよび関連販売事業11.5%、トラック用タイヤおよび関連販売事業10.4%、特殊製品事業18.6%）、純利益約12億ユーロ、従業員数11万1700人である。

表1：セグメント情報　　　　　　　　　　　　　　　　　　（単位：百万ユーロ）

事業	売上高		営業利益		営業利益率	
	2015	2014	2015	2014	2015	2014
乗用車・ライトトラック用タイヤ・関連販売事業	12,028	10,498	1,384	1,101	11.5%	10.5%
トラック用タイヤ・関連販売事業	6,229	6,082	645	495	10.4%	8.1%
特殊製品事業	2,942	2,973	548	574	18.6%	19.3%
グループ合計	21,199	19,553	2,577	2,170	12.2%	11.1%

出典：コンパニー・ジェネラル・デ・ゼタブリスマン・ミシュランの2015年度期末業績
（2015年12月31日期末）
2016年8月3日アクセス　file:///Users/nakajimamegumi/Downloads/20160303%20(1).pdf

　「BookaTableの買収により、ミシュランが欧州におけるオンラインレストラン予約サービスをリード（2016年1月11日）」と記載されている。これがレストラン関連の唯一の情報である。それ以外では全てタイヤ関連の情報である。ガイドブック事業の状態が不明である。

3．ミシュランガイドの赤字転落

　2011年9月になると、フランスのミシュランガイドはネット時代の波に乗れない赤字事業に陥ったと報道され始めた[23]。2007年にミシュランガイドは鳴り物入りで東京進出してきたが、その後、一時のブームは過ぎ去り星の数を世間が騒ぎ立てるようなことが少なくなったと指摘されている。ミシュランガイドはかつて世界が一目置くレストランガイドであった。しかしインターネット時代の到来とともに、前世紀の遺物となりかねない状況に陥っていた。同ガイドはパリ中心部の洗練されたパリ7区にオフィスを構えていたが、都落ちし、パリ郊外ブーローニュ・ビヤンクールという街に移転した。2010年12月にガイドの総責任者を務めてきたジャン＝リュック・ナレ氏が辞任した。後任が発表されたのはナレ氏が辞めてから7ヵ月以上過ぎてからで、しかも後任者はバイク用タイヤ部門にいたアメリカ人であった。レストランがミシュランの星を1つ獲得すると、その店の売り上げは3割増えるといわれるが、ミシュランガイド自体は毎年1,500万ユーロ（約16億円）の赤字を出している。2010年、アクセンチュアがコンサルティングを行ったところ、現状のままだと2015年には年間の赤字が1,900万ユーロに膨れ上がる見込みのため、アクセンチュアは廃刊を含む3つのシナリオを提示したとされている。しかしミシュランガイドの存在がミシュラン社のブランド価値を高めている側面を無視できない。実際そのような過激な決断を下すことはフランス人には不可能である。実際、毎年世界全体で100万人を超える人々がこのガイドを買っている。そのため、このミシュランガイドは一種の「フランスの国宝」になっていた。ミシュランのトップは創業者のミシュラン一族が務めてきたが、近年血縁者ではないジャン＝ドミニク・セナール氏が経営を引き継いだ。彼は創業者一族ほどガイドブック事業に思い入れがないとされている。

　なお、ガイドブック事業のオフィスがあったパリ7区とは、パリの中心部にある高級かつお洒落なエリアで、エッフェル塔、オルセー美術館、セーヌ川の世界遺産部分などがあるエリアである。さらに政治や行政の機関、ユネスコ本部などもある。パリ市内でも特別憧れと羨望を集める高級エリアである。そこからパリ郊外の小汚いエリアに移転したのである。都落ちであり、ミシュランガイドの経営不振を物語っている。家賃を大幅に節約できる。それ以外にも仕事のために備品や調度品のグレードを下げられるだろう。全盛期と比べて大幅に収益を減らしたと推測できる。

---

[23] クーリエビジネス「"星"を失いつつあるミシュランガイドの憂鬱（2011年9月7日）」フィナンシャル・タイムズ　UK　2016年7月5日アクセス　http://gendai.ismedia.jp/articles/-/17443

4．日本国内でさらなる事業拡大

　経営不振と報道される中、2016年6月に『ミシュランガイド富山・石川（金沢）2016特別版』が定価2,600円で日本ミシュランタイヤ株式会社によって発売された。2015年に北陸新幹線が開通したことを受け、富山・石川、特に金沢が観光業で注目され、実際に観光客を大幅に増やしていた。

　富山・石川（金沢）2016特別版には、合計290軒の飲食店・レストラン、118軒の宿泊施設、1軒の三つ星（富山）、10軒の二つ星（富山：1軒、石川：9軒）、旅館が提供する料理が一つ星として過去最多の4軒（石川）が掲載された。日本ミシュランタイヤ株式会社（新宿区）の代表取締役社長ポール・ペリニオ氏が記者会見で発表した[24]。

「ミシュランガイド富山・石川（金沢）2016特別版」主なセレクション

✦ 三つ星：1軒の飲食店・レストラン（富山）

✦ 二つ星：10軒の飲食店・レストラン（富山：1軒、石川：9軒）

✦ 一つ星：29軒の飲食店・レストラン（富山：8軒、石川：21軒）と、4軒の旅館（石川）

✦ ビブグルマン：53軒の飲食店・レストラン（富山：10軒、石川：43軒）

✦ 星、ビブグルマンはつかないもののお勧めのお店197軒の飲食店・レストラン（富山：74軒、石川123軒）

　＊三つ星として、山崎（日本料理、富山）が掲載

　＊4軒の旅館（浅田屋、金茶寮 本店、さか本、和田屋（全て石川）が提供する料理が一つ星として掲載

　＊一つのエリアで星がついた旅館数が過去最多

　＊世界遺産に登録されている五箇山の民宿、庄七が宿泊施設として掲載

　富山県、石川県は日本海、富山湾の良質な海の幸や、近郊で収穫される農作物など豊かな食材に恵まれたエリアなので、「富山・石川（金沢）2016特別版」には近郊でとれた上質な食材を使った料理を提供する店が多数掲載されている。またこのエリアは古くから育まれた文化や

---

[24] 日本ミシュランタイヤ株式会社HP　プレスリリース 2016年5月31日「ミシュランガイド富山・石川（金沢）2016特別版」発表」2016年8月3日アクセス
file:///Users/nakajimamegumi/Downloads/20160531.pdf

伝統が現代まで継承されており、歴史のある老舗多数、更に都市部だけでなく、能登半島など郊外の施設も掲載されている。

　アジアにおけるミシュランガイド事業の責任者であり、日本ミシュランタイヤ株式会社、代表取締役会長のベルナール・デルマス氏は「国内外の観光客を魅了する富山県、石川県を対象に、新しいミシュランガイドを出版できることを大変嬉しく思います。本ガイドブックには、国内のミシュランガイド特別版、海外のミシュランガイド同様、星やコストパフォーマンスが高く上質な料理を提供する飲食店・レストランを意味するビブグルマンだけでなく、星、ビブグルマンはつかないけれどもお勧めの飲食店・レストランも多数掲載されています。掲載エリアは両県全域を対象とし能登半島の先端に位置する珠洲市や、七尾市、能登島などの施設も掲載されております。また、世界文化遺産に登録されている五箇山合掌造り集落にある宿も紹介されています。五箇山は、ミシュランが発行している外国人向け旅行ガイド『ミシュラン・グリーンガイド・ジャポン』にも三つ星（★★★）として掲載されております。非常にバラエティに富んだ興味深いセレクションになっていると思います。私達ミシュランタイヤの企業理念は『よりよいモビリティに貢献する』ことです。すべてのミシュランの製品はこの理念を元に作られています。このガイドブック を通じ、読者の皆様に『移動する悦び』をお伝えすると共に、富山県、石川県で長年に渡り育まれてきた地域の魅力を発信し、地域全体の更なる活性化に繋がれば幸いです」と述べている。さらにミシュランガイド総責任者のマイケル・エリス氏は「富山県、石川県は日本海、富山湾で水揚げされる良質な魚介類、能登半島で収穫される新鮮な野菜、能登牛など豊かな食材に恵まれたエリアです。このガイドブックにも海の幸をはじめ、近郊で獲れる良質な食材を使った料理を提供するお店が多く掲載されています。また、歴史ある老舗の旅館、飲食店も数多く掲載されている点は特筆すべきでしょう。日本で発行されている他のエリアのミシュランガイド同様、和食が占める割合が非常に高く、掲載店舗全体の80%以上となっております。和食が世界中でますます脚光を浴びる今日、地域色溢れる富山、石川の料理は非常に興味深く、日本の地方都市の和食に更なるポテンシャルを感じました」と述べている。

　石川県・富山県は地方である。前章で明らかなようにナレ氏以前のミシュランガイドはヨーロッパの都市のみであった。それが2010年代に入ると日本の地方も対象となっている。その背景には、世界的な日本食ブームがあるだろう。

5．約20億円の赤字転落

　2016年7月になると、ミシュランガイドのさらなる悪化が報道された[25]。本業はタイヤメーカーであるミシュランは売上約2兆6,000億円、約営業利益3,200億円、従業員数約11万人である。レストランやホテルのガイドブック、ミシュランガイドは年間100万部以上が販売され、日本で2007年に欧米以外で初となる東京版、2009年に京都・大阪版が刊行された。ミシュランガイドは施設、営業時間、予算など独自の調査を行って快適性や料理などにマークを付けて掲載されている。特にその代名詞である0から3つの星で料理が格付けされる。この格付けは料理のみを対象とし、覆面調査員による匿名調査、身分を明かしての訪問調査など、世界共通のメソッドによる調査・判定基準で付与される。ミシュランガイドは掲載されていること自体に評価がある。例えばフランス版では掲載されている3,000軒以上のレストランの中、三つ星は30軒以下、星付きは1～2割程度でである。日本版は星付きレストランのみの掲載されている。ミシュランガイドといえば三つ星評価のインパクトから、レストラン・ホテルを扱った赤い装丁の「レッドガイド」であるが、緑の装丁の観光ガイドブック「グリーンガイド」も有名である。他にもガイド・地図部門では、自動車旅行向けの道路地図も刊行している。

　ミシュランガイドはパリ万博が行われた1900年、創設者ミシュラン兄弟がいち早くモータリゼーションの時代が到来することを確信し、35,000部を無料配布したことに始まったのである。その内容は、郵便局や電話の位置まで示した市街地図や都市別のガソリンスタンド、ホテルの一覧、さらに自動車の整備方法等を載せたドライバーの移動や旅行をサポートするものであった。自動車での快適な移動や旅行をサポートして、結果的に自社のタイヤの売上が伸びることを目指すコンセプトであった。「ガイドはタイヤのためにある」という原則は、現在でも引き継がれており、実際に新しい国でミシュランガイドが刊行されると、その国でミシュランタイヤを買おうと思う人が3%増えると言われている。ガイドの評価基準もタイヤとの繋がりを感じられる。トータルパフォーマンスを掲げるミシュランのタイヤは、①グリップ、②ハンドリング、③快適性と静謐性、④省燃費性、⑤耐久性、⑥ロングライフ、という全ての性能を追求する。ミシュランガイドの評価基準である①素材の質、②調理技術の高さと味付けの完成度、③独創性、④コストパフォーマンス、⑤常に安定した料理全体の一貫性、と似たポリシーがある。

---

[25] ハーバービジネスオンライン「赤字20億円！ミシュランガイドは生き残れるのか？（2016年05月27日）」2016年7月5日アクセス　http://hbol.jp/95252

第二次世界大戦で軍隊が地図として活用

　ミシュランガイドは第一次世界大戦にともない1915年から1918年に中断された。その後順調に版を重ねたが1920年から有償で販売されるようになった。当時ミシュラン兄弟がある修理工場を訪ねた際、傾いた作業台の足代わりとしてミシュランガイドが地面に積み重ねられているのを見た。ミシュラン兄弟は、人はお金を払って買ったものしか大切にしないと考え、それまでの無償配布を中止し、有料にした。

　その後、1930年代にレストランを星で格付けする方式が開始され、ミシュラン社員が匿名で施設の調査を行うようになった。当初は一つ星のみで、次に二つ星までとなり、現在の三つ星評価になったのは1933年からである。

　そして1940年から1944年の第二次世界大戦で再び出版が中断した。この時次のような有名なエピソードが生まれている。1940年、ナチス・ドイツがフランスを侵攻する際、電撃戦の前線にいたドイツ軍兵士がミシュランガイドを携行して侵攻を効率的に進めた。そして1944年、ノルマンディー上陸作戦後の大量の兵員移動が、特にフランス都市部で滞ることを憂慮した連合軍は、パリのミシュランと秘密協定を結んで、中断前のガイド（1939年版）をワシントンで印刷し、士官らに配布するという手段で対抗した。ナチス・ドイツが道路標識を破壊したり撤去したりしていたため、1939年版のミシュランガイドが必要であった。戦後1945年の改訂版では戦争で破壊されたレストラン・ホテルが点線で示されている。

星がシェフにもたらす影響力

　このようにミシュランガイドは二度の世界大戦で中断したが、1950年に星による格付けを再開した。1956年に初めて国外版として、北イタリア版が創刊され、ベネルクス版、スペイン版と続いた。その過程でミシュランガイドの影響力は益々大きくなり、レストランが星を一つ獲得するとその店の売上は30％増えると言われるようになった。現在でも星を与えられた店舗は集客力を上げ、経営者やシェフはマスコミに取り上げられ、食品や食器のメーカーとのスポンサー契約等も舞い込んでくるなど、多くのメリットがもたらされる。

　星を落とすと大きい負の影響も出る。1966年、パリの人気レストラン「ルレー・デ・ポルクロール」のシェフ、アラン・ジック氏が自殺した。ミシュランの評価が下がったことを苦にしたことが原因とされた。また伝記『星に憑かれた男』の主人公であり、1980年代に天才料理人ともてはやされたベルナール・ロワゾー氏も2003年に自殺した。有名レストランガイド誌が彼の3つ星レストランを最高点の19点から17点に落としたことに加え、ミシュランガイドでも

３つ星から２つ星への降格が近いとする新聞記事が出たことも一因とされた。これらは「誰が
シェフを殺したのか」と物議を醸した。

ガイドブック事業の現状

このようにミシュランガイドは大きな影響力を持つようになったために「覇権主義、政治
的」「一般感覚と離れてる」という批判もつきまとってきた。しかし近年インターネットの普
及でヨーロッパにおける影響力が低下している。その打開策として、2004 年に第六代総責任者
になったジャン＝リュック・ナレ氏（前章に詳しい）が展開したのが、米国や日本といった新
市場を積極的に開拓する拡大路線であり、一定の成果を挙げた。なおナレ氏は 2010 年に退任
し、転職した。

本来のミシュランガイドは一度発売したら毎年改訂版を出す方針であるが、最近の日本版の
み発売されている特別版は１回限定で継続調査が無い。オーストリア版は売れ行き不振から廃
刊になり、2010 年以降ラスベガス、ロサンゼルス版は経済的事情で休刊になった。安定しない
運営方針で権威の低下を招いていると批判されている。さらにオンライン化の波に乗り遅れた
ガイド・地図事業自体は、タイヤを含むミシュラン全体の売上高の 1%に過ぎないが、毎年約
20 億円の赤字で、現在デジタル・トラベル・アシスト部門と統合された。2010 年にアクセン
チュアがコンサルティングを行った際、廃刊を含む３つのシナリオが提示された。

６．コンテンツのオンライン定額化

2016 年 8 月現在、ミシュランガイドはオンラインで月額 324 円（税込）で定額化され、日本
国内の店舗のみ情報を得ることができる[26]。掲載ガイドは、東京版、京都・大阪版、兵庫特別
版、富山・石川特別版、横浜・川崎・湘南特別版、福岡・佐賀特別版、北海道特別版、広島特
別版である。その月額は 324 円（税込）であるが、年額は 3,240 円（税込）である。サービス
内容は、(1)クラブミシュラン限定プラン、(2)ウェイティングサービス、(3)会員限定イベントで
ある。それに対して、ゴールド会員は、月額 5,400 円（税込）、年額 16,200 円（税込）で日本
国内およびパリ版、香港・マカオ版、NY 版のミシュランガイドの日本語での検索である。サ
ービス内容は、(1)予約代行コンシェルジュ、(2)海外のミシュランガイド、(3)クラブミシュラン
限定プラン、(4)ウェイティングサービス、(5)会員限定イベントである。

---

[26] クラブミシュラン HP　2016 年 8 月 16 日アクセス　https://clubmichelin.jp/

つまりミシュランガイドはオンライン化され、レストラン情報のみの取得が可能となった。月額または年額会員制のため、情報だけを得るのではなく、会員であることにメリットがあるよう会員限定プランやウェイティングサービスがある。

筆者は 2005 年 5 月にパリの三つ星レストラン、Lucas Carton[27]に行った。基本的にフランス語サイトに若干の英語サイトもあったが、フランス語の単語をそのまま英語サイトでも使用しているため、フランス語混じりの読みにくい英語であった。筆者はフランスのレストランの商習慣も知らなかったため、非常に苦労した。予約代行サービスやコンシェルジュサービスがあるならお願いしたい。JTB 等の旅行代理店でフランスに旅行する際、オプショナルツアーとして付けることもできる。そうするとホテルとレストラン間を送迎し、案内されるまま受け身の来店が可能である。ただし旅行代理店がマージンを取っているため、割高になる。

７．まとめ

本章では、ミシュランガイドの経営不振の経緯と現状を考察してきた。

ナレ氏がミシュランガイドの総責任者になった 2004 年からガイドブック事業は急速に国際展開を進めた。しかしインターネット時代に乗り遅れ経営不振に陥っていると報道されるようになった。そこで本章で仏ミシュラン社の 2015 年度年末業績を見るも、タイヤ事業の情報ばかりでガイドブック事業の情報が無い。そこで報道されている情報と前章から次のことが言える。

第 1 に、2004 年にナレ氏が既に知名度もブランド力も高いミシュランガイドをアメリカや日本などアジアに広げた。この国際展開は国際経営論、経営戦略論、マーケティング論において一般的かつ有意義と言える。しかし細かいエリアごとに区切ったガイドブックにしたことが失敗であったのであろう。日本全国で一冊にし、もっと厳選された店舗選定にしたら良かったのではないか。これだけ狭いエリアで一冊発行するとなると、それ以前に選定された店と大きな実力差があるだろう。それでミシュランガイドに載っている店のレベルが下がったと評価になるだろう。ミシュランガイドはフランスの国宝と言われるほど権威があり、シェフが自殺するなど人生を狂わす影響力があるにもかかわらず、ブランド力を下げる方向に舵取りをしてしまったようである。

第 2 に、ガイドブック事業は経営不振で年間約 20 億円の赤字を出しているものの、売上高ではミシュラン社全体の 1%に満たないか、0.5%と報道されている。そこからガイドブック事業はタイヤ事業の黒字にぶら下がる事業と言える。優秀なタイヤ事業に食わせてもらうから自立

---

[27] Lucas Carton HP　2016 年 8 月 16 日アクセス　http://www.lucascarton.com/

しないのではないか。しかし 2004 年以降にブランド力を落とす前までは、十分に権威のある事業で、ミシュラン社の誇りのような事業だったはずである。タイヤ事業はどちらかというと地味で無骨である。言うならば、無骨なタイヤ事業の中に輝く花がガイドブックという存在であったはずである。花には枯れて欲しくない。輝きを取り戻してほしい。

今後もミシュランガイドの研究を続ける。

第4章　東京ディズニーランド開業期の人材育成
‐アルバイトの人材の質の変化に着目して‐

1．はじめに

　東京ディズニーリゾート（以降TDR）のアルバイトの質の高さから、彼らの人材育成が注目されている。特に日本のサービス業界で現場のアルバイトの戦力化と言う観点から注目され、多くの書籍が出版されている。それらの書籍の著者にはTDRでのアルバイト経験者が多い。彼らは現在経営コンサルタント等の肩書きで企業の人材育成等を行っていることが多い。つまり企業はTDRのアルバイト経験者に人材育成を依頼しているのである。

　筆者は大学院修士課程の時からTDRの人材育成、経営戦略などを研究してきた。同僚のD氏にそのように研究を紹介したら、D氏からTDRの人材育成ブームに対する反対意見を受けた。現在50歳代のD氏は大学時代（1987～1988年）に東京ディズニーランド（以降TDL）でアルバイトを経験した。D氏は、現在ほど人材育成に力を入れなくてもいいアルバイトが育つ時代であったこと、TDRの問題と言うより若年アルバイト人材の質が変化したことが根底にあると言う。開業期にアルバイトをしていたD氏は、現在これほどTDRのアルバイトの人材育成が注目され、賞賛されていることに納得いかないと言う。

　本章では、D氏へのインタビュー調査からTDL開業期の人材育成をアルバイトの質の変化に着目して考察する。

　研究方法は非構造的インタビューである。D氏の専門は臨床心理学なので経営学や人的資源管理論の予備知識は無いようである。D氏に自由に語って頂くことで、筆者が事前に予測しないことを引き出せることを期待する。

2．TDRとオリエンタルランドの概要

　TDRを経営する企業は株式会社オリエンタルランドである。同社は1960年設立、資本金約632億円、代表者は代表取締役社長（兼）COO上西京一郎氏、取締役9名、監査役4名、執行役員19名、正社員2,229名、テーマパーク社員820名、準社員18,706名（2015年3月31日現在）である。本社は千葉県浦安市舞浜1-1、事業内容はテーマパーク経営・運営および不動産賃貸等、主要取引銀行はみずほ銀行、三井住友信託銀行である。アメリカのディズニー・エンタプライゼズ・インクと業務提携を結んでいる。オリエンタルランドの2015年3月期の連結業績は、売上高約4,662億円、営業利益約1,106億円、経常利益約1,104億円、当期純利益約

720億円である。大株主上位3名は、京成電鉄、三井不動産、千葉県である。連結子会社は16社（2015年9月1日現在）、東京証券取引所第一部上場である 。

オリエンタルランドは、1974年に米国法人ウォルト・ディズニー・プロダクションズ（現ディズニー・エンタプライゼズ・インク）との間で業務提携について基本合意し、1979年にTDLのライセンス、設計、建設及び運営に関する業務提携の契約を締結した。1983年にTDL開業、1996年、東証一部に上場、2001年に東京ディズニーシーを開業した 。

1983年のTDL開業とともに大成功し、日本のサービス業、観光業の模範的企業となった。本家アメリカのディズニーランドをしのぐほどの集客力を誇るテーマパークに成長した。

3. インタビュー調査概要とD氏の属性等

調査実施日時：2015年7月28日16：00〜17：00

場所：東京経営短期大学講師室（千葉県市川市）

インタビューワー：中島　恵（筆者）

インタビューイー：D氏

以降インタビューに応じて下さったD氏の属性である。

・1960年代生まれ

・女性

・千葉県習志野市に実家（現在は千葉県外に居住）

・TDL勤務期間：1987年夏から1988年冬まで

・雇用形態：アルバイト（夏だけ、冬だけのみの期間労働者。現在は無い雇用制度）

・配属：ワードローブ（従業員の制服を管理する部署）

・当時の本業：文学部で心理学を専攻する大学生

・現在の職業：臨床心理士として精神科・心療内科等に勤務、大学・短大・医師会等の臨床心理学科目の非常勤講師

・学位：文学修士（文学部社会学科心理学コース）

4. インタビュー内容

研究方法は非構造的インタビューである。D氏に自由に話していただいた。D氏の専門は臨床心理学なので、経営学に関する予備知識はほとんど無いであろう。D氏の見解に経営学、特に人材育成の視点は無いだろう。そのためD氏には思いつくまま自由に話していただいた。ま

たD氏一人へのインタビューであるため、構造的インタビューにするより、筆者の予備知識が無い情報を得るために有効である。

なお、D氏はインタビュー時に会話を録音していないでほしいと希望したので録音していない。そのためメモ書きと記憶に頼るので、D氏の台詞を厳密に再現するのではなく、内容の一致に努めた。下記の文章の（）内の言葉は筆者が適宜補った。

なお、ウォルト・ディズニーの造語で、顧客の目に見える部分が「オンステージ」、顧客から見えない部分が「バックステージ」と言い、明確に区別されている。顧客をゲスト、従業員をキャストと言う。しかし本章では、オリエンタルランドの社内用語ではなく、一般的な用語の顧客、アルバイト等を用いている。

● **当時のアルバイトの給与について**

当時は時給600円くらいの時代でしたが、ディズニーランドでは800円くらいでした。人（入場者）が多く入ると大入り袋が出ました。でもその大入り袋の中身は100円玉一枚でした。

● **アルバイトに多い居住地について**

一緒に働いていた人はほとんど近所に住んでいる人でした。当時の浦安は今と違って何も無かったので、何も無いところに急に働く場所が出現した感じです。

● **マニュアルと人材育成について**

当時はマニュアルが無かったので自然な接客でしたよ。自然にこうするのがいいと思った方法で接客していました。セブンイレブンでバイトした時も接客にうるさくなかったです。今のディズニーには「あなたは頑張りました」というカードがあるらしいですけど、当時はそんなのありませんでした。それが無くても皆それなりに働いていました。会社（オリエンタルランド）の問題ではなく、働き手の質が変わったので、モティベーションを上げる必要が出てきたのだと思います。今はバイトのことを準社員と言いますけど、昔は準社員というのはバイトの管理をする人でしたよ[28]。高度成長期は仕事中心でしたが、1980年代以降は趣味や家庭を楽しもうとする時代に変わってきたところでした。そこにディズニーランドができたんですよ。タ

---

[28] 現在オリエンタルランドで「準社員」とはアルバイトのことである。

イミング的にちょうど良かったと思います。もっと早くできていたら（集客が）難しかったかも知れません。

● ワードローブという部署について

　私の部署はワードローブでした。一般の人は全然知らないと思いますよ。ワードローブはキャストのコスチューム（TDRでは制服をコスチュームという）を管理する部署です。バイトは仕事前に必ずワードローブに来て、コスチュームを受け取ってそれを来て仕事に出るんです。だからワードローブは全ての人と会って話すんです。絶対ワードローブは楽しいですよ。ワードローブ以外の人は同じ部署の人としかあんまり関わらないと思います。

　ワードローブは体育館くらいの広さで、図書館のように棚が並んでいて、ロケーションごと、種類ごと、サイズごとに並べてありました。そこに来た人が例えば、ホーンテット・マンションの女性のコスチュームの○○サイズとか言うんです。私たちはそれがある所まで急いでいって取ってきて、カウンターにいるその人に渡すんです。体育館くらいの広さの所をずっと歩いているし、すごく忙しいので、すんごく疲れる仕事ですよ。

● 若年労働者の質の変化について

　1980年代と今では時代背景が違います。今の世代は最初から輝くために働こうとしますよね。でも私たちの世代は輝くために働きませんよ。輝きは結果です。それに当時は即戦力を求めず、今は使えないけどそのうち使えるようになるだろうと考えていました。今は即戦力を求めていて、すぐに使えないと言いますよね。昔は働くなら素直に働いていました。昔はどこの会社も人材育成にすごく力を入れていましたよ。首にして新しい人を雇うよりも良かったんです。権利だけ主張する人はいなかったですよ。権利と義務がセットでした。労働者の権利なんて誰も主張してなかったけど、ディズニーでそんなにひどい記憶は無いですよ。

　今のような人材育成とか人材教育のようなものはありませんでしたよ。マニュアルも無くて自由にやってましたもん。それでもそれなりに真面目に働いてましたよ。今のディズニーの人材育成はすごいですよね。ということは、そこまで育成しないと駄目な若者に変わってことですよね。

● バックステージの仕事について

　19時からのパレードは14〜15時くらいから準備していましたよ。ワードローブ隣にダンサーがいたんです。キャラクターの中に入る人はダンサーとは別です。ダンサーはどのキャラク

ターか決まっていなくてシフト制でしたよ。すごく忙しいので、シンデレラが社員食堂で定食を食べているのを見ました。

　植栽という仕事があって、庭師が夜中に庭などをチェックしていました。川の中の落とし物もチェックしていましたよ。ワードローブの隣にあったクリーニングの部署は、コスチュームを洗ってアイロンをかけます。ディズニーはすごく仕事の種類が多いのに一部の仕事しか紹介されていません。

● 大人になってから急にディズニーランドが出現

　私の子供の頃はキャラクターといえばディズニーよりもサンリオでした。キティちゃんとかキキララの方がしっくりくる時代でした。ディズニーといえば、絵本のバンビや白雪姫、ダンボでした。アニメでアメリカ製といえばポパイでした。私たちの世代は子供の頃からディズニーにさらされていませんでした。

　私たちは子供の頃にディズニーランドが無くて、大人になって急に出現したんです。だからディズニーに行ったことが無い人の方が多かったんですよ。当時あの金額をテーマパーク一回にかけられる人はご年配の人が中心でした。当時一日に一人5000円くらいだったと思います。バブルの前は慎ましやかな生活でしたよ。当時は企業の役員に配られていたんです。ご年配の人だからスペースマウンテンでディズニーランドが嫌になったんですよ。今はスペースマウンテンは若い人から大人気ですけど、当時は客層も違いました。今の人は子供の頃からディズニーランドがあり、ディズニーで働きたいと思ったんでしょうね。今では中学高校生が友達同士でディズニーに行きますよね。昔は子供がその金額を一日の遊びに使うのは考えられなかったです。今の若者は親がディズニーに行ったことがあるので、ディズニーの良さを知っているんですよ。でも昔の親はディズニーの良さを知らないんです。それに当時はインターネットが無いから、情報はTV、雑誌、口コミだけでした。

　ディズニーの将来の成長に興味ありませんでしたよ。拡張すると聞いていたし、二つ目のディズニーランドができると聞いていました。アメリカにもっと大きいディズニーランドがあると聞いていました。でもそんなに行きたいとは思いませんでしたね。

● 　当時の普通の遊園地との差異について

　ディズニーランドができる前の千葉県で遊園地といえば、谷津遊園[29]が普通の遊園地でしたよ。谷津遊園と検索すれば出てきますよ。当時は入場料が数百円で、それに乗りたい乗り物だけ別にチケットを買って、それが各数百円でした。おやつも 100 円以内で買えるお菓子が普通でした。だから一日で 5,000 円くらいかかるディズニーは値段が別格でした。

● 　オンステージで働くことの魅力について

筆者「私の友人（前著までに B 氏と記述）が TDR で長くバイトをしていたのですが、その人は『ディズニーのバイトはオンステージでなんぼ。バックステージ専門ならディズニーで働く意味がない』と言っていましたが、どう思われますか。」

　オンステージでなんぼと言う人はバックステージで働いて比べたことが無いですよね。ワードローブは全分野の人と話せて楽しかったですよ。当時はバイトでも終身雇用の影響か愛社精神があって、働いているところは良いところだと思いながら働いていました。その人はそういう考えなんでしょうね。ディズニーにお客さんとして行って好きになった人はそうなんじゃないですか。その人はディズニーの世界の見える部分が大好きなんでしょうね。ワードローブは全部門の人の話が聞けるので社会勉強になるし、楽しかったですよ。ワードローブにコスチュームをもらいに来て、みんな「内勤は楽でいいなあ」と愚痴ってましたよ。

● 　アルバイト同士での人材育成や叱咤激励、叱責について

筆者「アルバイト同士で熱い思いを語ったり、説教めいたことを言いますか。元アルバイトが書いた本には、先輩アルバイトに諭されたこと、怒られたこと、それらの痛い経験から学んで人間として成長したことなどが熱く書かれています。」

　いいえ、当時は違いますよ。仕事に責任を持っていたけど、そこまではしませんでした。中島先生はディズニーに結びつけて考えたいのでしょうけど、仕事全般に対する考えはどこも同じでしたよ。終身雇用なのでその会社が良いと思うしか無かったです。ディズニーだけ特別でじゃありませんでした。

---

[29] 谷津遊園 HP　2016 年 4 月 20 日アクセス　http://yatsuyuuen.okoshi-yasu.com/

５．発見事項と考察

　Ｄ氏へのインタビュー調査から次の点が明らかになった。

5-1. バックステージの仕事の重要性と遣り甲斐

　バックステージ専門の部署での勤務経験者が書いた書籍は現在まだ無い。

　TDRの従業員「キャスト」は、ゲスト（顧客）へのホスピタリティ志向の強い接客スタイルと精神的な文化コミュニティを形成している。これを中島（2012, 43-46頁）で「キャストの世界観」と定義した。キャストの仕事はどれも単純反復作業であるため、すぐに覚えてできるようになる。そのため仕事能力の習得は簡単で、短時間で可能である。そのためTDRの人材育成の中核は、精神面の育成とモティベーション向上策である。これが洗脳といって過言ではない。洗脳されたキャスト達は独特の世界観を形成する。

　現在盛隆のTDR関連書籍は、元従業員がキャストの世界観にどっぷり浸ってビジネス書を書いているケースが多い。そうすると本のタイトルは、『社会人として大切なことはみんなディズニーランドで教わった』（香取, 2002）、『働くことの喜びはみんなディズニーストアで教わった』（加賀屋, 2005）、『米国ディズニーで学んだ私の宝物』（木村, 2004）、『ディズニーの絆力』（鎌田, 2012）、『ディズニーであった心温まる物語』（東京ディズニーランド卒業生有志, 2013）となる。

　Ｂ氏はTDLが成功してから顧客として来園してディズニーファンになった。Ｂ氏はたまたま浦安市の生まれ育ちも手伝って、大学１年生から27歳までTDR内の各部門でアルバイトをしてきた。Ｂ氏にとって「ディズニーのバイトはオンステージでなんぼ」であるが、大人になってからTDLが突然出現して雇用が創出されたＤ氏にとってはバックステージでも嫌ではない、それどころかバックステージで働くことの魅力を自力で見いだし、それなりにアルバイト労働を楽しむことができたのではないか。

　筆者のもとにTDRに就職したい高校生・大学生から相談が寄せられる。彼ら彼女らは全員オンステージ、それも人気アトラクション勤務の正社員を希望している。オープンキャンパス等に参加する女子高校生は自力で何も調べてないようで、正社員として人気アトラクション（例えばプーさんのハニーハント）で働きたいと言う。しかしオンステージの仕事はほぼ100%アルバイトである。そこからオリエンタルランドの正社員への登用は狭き門である。大学１年次の前期の学生は高校生とそれほど変わらない。しかし大学３年生以降になると、オリエンタルランドの正社員は人気がありすぎて採用されることを前提に就職活動できないことに気づいている。これらの若年者は全員いわゆる「ディズニーマニア」である。ディズニーマニアとは熱

狂的なディズニーファンである。「キャストの世界観」の書籍を多く読んでいれば良い方である。TDR オンステージの魅力に絆されて TDR のキャストになろうとする人は、TDR の魅力が知れ渡ってからの世代である。魅力が知れ渡る前、来園する前にアルバイトを始めた世代とは心構えが大きく異なることが明らかになった。

5-2. 若年労働者の質の変化と終身雇用時代の影響

　D 氏がアルバイトをしていた 1987～1988 年はバブル期の初期である。その頃の日本企業は終身雇用であったため、良い会社だと思うしかなかった。D 氏はアルバイト雇用でも終身雇用の影響を受けていた。それ以前に、今のような人材育成の施策は無く、自由に働いていたが、多くのアルバイトはそれなりに良い働きを見せていた。

　そこから次のように推測できる。第 1 に、少子化で子供が家で両親、祖父母、曾祖父母、叔父叔母から大事にされすぎている。子供は自己重要感と選民意識を強めすぎる。自己重要感を家庭で強めるものの、外に出ると他人から重要と扱ってもらうことはほとんど無い。アルバイトの勤務態度にも不平不満が出るため、オリエンタルランドは新人アルバイトの人材育成に力を入れるしかなくなった。第 2 に、終身雇用の影響で、アルバイトでも今働いている会社の良さを見つけて好きになろうとする時代であった。日本の企業も今のようにブラック化していなかった。安心して企業に収入を委ねることができた。

　そのような背景からオリエンタルランドは様々なモティベーション策を増やしてきたのだろう。例えば、①ウォークスルー、②ファイブ・スター、③スピリット・オブ・東京ディズニーリゾートである 。

　①ウォークスルーとは、ウォルト・ディズニーの造語で役員が園内を歩き回って視察することである。TDR にはトップが園内を歩いて回って厳しいチェックをする施策である。オリエンタルランドのトップマネジメントが従業員を直接動機づけするために行われている（加賀見，2003）。

　②ファイブ・スターとはサービスの五つ星を目指す施策である。TDR はサービスの 5 つ星（ファイブ・スター）を目指している。ウォークスルーの際に良いサービスを提供している従業員を見つけて表彰する施策である。トップが末端の従業員を温かい目で見ているということを示すコミュニケーションツールでもある（加賀見，2003）。オンステージで素晴らしいサービスを行っている従業員をオリエンタルランドのトップが目撃した場合、トップはその従業員の所属部門、店舗、氏名、ID カードナンバー、その日の日付とトップ自身の署名を書き入れ、その従業員に渡す。そのカード 1 枚につき、毎月抽選で非売品のノベルティーが当たるようにな

っており、5枚貯まると、現在では年に2回行われる「5（ファイブ）スターパーティ」に招待されるようになっている（小松田, 2003）。

③スピリット・オブ・東京ディズニーリゾートとは従業員全員を対象に一定期間、従業員同士メッセージ交換を行う行事がある。「○○さんのこういうところが素晴らしい」という内容で相手の良さを褒め称えるメッセージカードの交換である。従業員同士で良さを認め合う施策であり、従業員同士のコミュニケーションである。そしてこのような行事を毎年コンスタントに行うことが社内イベントといえる。毎年このカードをもらったキャストの中から、100名以上が園内で行われる表彰式で表彰される。評されたキャストは胸にスピリットのバッジをつける事ができ、これがキャストにとってのステータスとなる（加賀見, 2003）。

D氏がアルバイトをしていたバブル初期（1987〜1988年）にはこのような施策は無かったことが明らかになった。

5-3. 仮説①：若年労働者と企業の質の変化

本章では、ディズニー関連書籍でほぼ出てこないバックステージ専門の部署の重要性、盲点な楽しさ、遣り甲斐が明らかになった。華やかな部門で働くことができなくても、アルバイトでも、それなりに仕事の魅力を見つけて楽しむことができる人がいる。現在ではTDRにゲストとして行ったことがある人がアルバイトするため、オンステージのみ強調される。そのためオンステージの人気部門（アトラクション等）では優秀な人材を獲得できるが、不人気部門（駐車場など）では優秀な人材を獲得しにくい。ディズニー関連書籍を書く人はバックステージ専門の部署の魅力も書けばいいと思う。

これが生じた背景には、D氏の時代は終身雇用で多くの日本人が企業を肯定的に捉え、好ましいもの、愛するもの、企業のために働くものという意識があったが、バブル崩壊（1991年に崩壊）後、徐々に企業に尽くすことを美徳としない職業観の持ち主が増えていったことがあるだろう。

質が変化したのは若年労働者だけではない。企業の質も変化した。当時は若年者を雇い、定年まで正規雇用する気でいた。そのためアルバイトであってもそれなりに大事に扱っていたようである。今の企業は、アルバイトを短期間で使い捨ててもいいような気持ちで雇っているのではないか。企業と従業員の気持ちが乖離した。労働者は企業を利用して一時的に稼いで無職の期間が無いようにし、企業は労働者を利用して必要なときだけ雇用するようになったのではないか。TDRはアルバイトの人材育成を地道に行っているから注目されているのではないか。

5-4. 仮説② : 「キャストの世界観」は経営コンサルタントの営業手段

　ここに別の仮説が成り立つ。それは、TDR関連書籍の著者の多くが経営コンサルタント、研修講師などの肩書きでフリーランスや自営業、個人事業主として仕事をしている。彼らは本を売り、経営コンサルタントや研修講師として付加価値をつけようとする。そこで読者に受けるよう大げさに装飾した「キャストの世界観」を書いたのではないか。実際のアルバイト達は「キャストの世界観」の書籍ほど大げさではないのかも知れない。「社会人として大切なことはみんなディズニーランドで教わった　〜熱い気持ち編〜」「働くことの喜びはみんなディズニーストアで教わった」「米国ディズニーで学んだ私の宝物」という表現は、実際のキャストの大半の人には大げさすぎるのではないか。これはビジネス書として売れるために著者と出版社が一般受けするように書いたのではないか。そうでないならば、前著 (2014)『東京ディズニーリゾートの経営戦略』で、「キャストの世界観」にどの程度染まっているか、洗脳度の高いキャストから低く冷めているキャストまでいると述べた。ここまで熱い気持ちを持ったキャストは洗脳度が極めて高い。つまり彼らは平均的な洗脳度のキャストではないだろう。それを調査するために今後フィールドワークが必要である。

6. まとめ

　本章では、D氏へのインタビュー調査からTDL開業期の人材育成をアルバイトの質の変化に着目して考察してきた。研究方法は非構造的インタビューである。インタビューイーは1987〜1988年にバックステージ専門の部署、ワードローブでアルバイトをしていたD氏である。

　D氏へのインタビュー調査から、①これまでオンステージのキャストばかりが注目されていること、②バックステージ専門の部署は注目されないが、遣り甲斐や魅力があること、③D氏の時代の若年労働者は終身雇用の影響でアルバイトでもそれなりに自己の心に愛社精神を形成し、自分が働いている会社はいい会社、自分の職場はいいところと思い込み、仕事を嫌なものにしなかったこと、④バブル崩壊以降、若年労働者の質が変化したため、企業は精神的な人材育成に力を入れる必要が生じたことが明らかになった。

　また極端な「キャストの世界観」は経営コンサルタントとして仕事を得るための宣伝の可能性が出てきた。大半のキャストはそこまで洗脳されていないのではないか。彼らのように書籍を出版する人だけが異常に洗脳されているということは、その書籍をもって経営コンサルタントや研修講師をしている人の宣伝ではないか。

　今後の研究課題は、バブル期までにTDLでアルバイトを経験者した人、バックステージ専門の部署のアルバイト経験者のサンプルを増やすことである。

＜参考文献＞

- 加賀屋克美（2005）『働くことの喜びはみんなディズニーストアで教わった』こう書房）
- 鎌田　洋（2011）『ディズニーのそうじの神様が教えてくれたこと』ソフトバンククリエンティブ
- 香取信貴（2002）『社会人として大切なことはみんなディズニーランドで教わった』こう書房
- 香取信貴（2004）『社会人として大切なことはみんなディズニーランドで教わったⅡ　熱い気持ち編』こう書房
- 木村美絵（2004）『米国ディズニーで学んだ私の宝物』エール出版社
- 志澤秀一（2000）『改訂版ディズニーランドの人材教育』ウィズダムブック社
- 中島　恵（2012）『テーマパーク産業の形成と発展―企業のテーマパーク事業多角化の経営学的研究―』三恵社
- 中島　恵（2014）『東京ディズニーリゾートの経営戦略』三恵社
- 福島文二郎（2010）『9割がバイトでも最高のスタッフが育つディズニーの教え方』中経出版

第5章 テーマパーク産業におけるイノベーターのジレンマ
－巨大資本の優良テーマパークはハイエンド市場で圧勝する－

1．はじめに

　日米欧など先進国の優良企業が後に新興国の新興企業に敗れるケースが散見される。それはなぜか。そのメカニズム「イノベーターのジレンマ」を提唱したのがクリステンセン（1997）である。それ以降、様々な産業におけるイノベーターのジレンマ研究が盛んである。実業界ではベンチャー企業や新興企業の経営者がどうしたら優良企業に勝つことができるのか研究されている。

　しかしながら、世界のテーマパーク産業ではアメリカのディズニーランド（ウォルト・ディズニー社のテーマパーク）が世界市場を席巻し、ユニバーサル・スタジオが追随している。両社は巨大資本を武器に魅力的な高額アトラクションを導入し、低コスト経営のテーマパークを大きく引き離している。特に世界のディズニーランドは高額の追加投資を繰り返し、ハイエンド市場を席巻している。テーマパーク産業ではイノベーターのジレンマは無縁に見える。しかしテーマパーク産業では別の形でイノベーターのジレンマが引き起こされている。世界市場で圧勝するディズニーランドにも思わぬ落とし穴があった。

　本章では、テーマパーク産業におけるイノベーターのジレンマがどのような形で引き起こされているのか考察する。

2．イノベーターのジレンマとは何か

　日米欧など先進国の優良企業はなぜ新興国の新興企業に破れるのか。優秀な経営者と優秀で勤勉な従業員がおり、市場分析も綿密に行っているのに、なぜ衰退するのか。その答えは、クリステンセンの『イノベーションのジレンマ（邦題）』"The Innovator's Dilemma"(1997)にある。

　それによると、先進国の優良企業は高機能、高性能、高コストで高価格の製品を出し続けるしかない。地球上に70億人超の人口がいるが、ほとんどの人が一日1〜2ドル以下の生活水準にある。先進国の優良企業の高価格製品を買える市場は地球上の人口でほんの一部である。先進国の中流階級以上でなければ購入不可能な価格帯である。新興国では新興企業の低機能・低価格製品が売れる傾向にある。新興企業は低機能で低技術力の製品を作る中で技術力を蓄積し、能力を上げてくる。やがてそれら新興企業が先進国の優良企業を脅かす。例えばそれが韓国のサムスン、中国のハイアール、台湾のホンハイである。

ここ数年、新しい日本語として「ガラケー」という言葉が生まれた。これはガラパゴス携帯電話の略である。中米の離島ガラパゴス諸島は海で囲まれ外界から隔てられているため、外界と混じることなく独自の進化を遂げた。日本の携帯電話端末は内需市場のみのため、外国の携帯電話端末の影響を受けずに独自の進化を遂げた。NTTドコモのiモードに始まる高機能化は、携帯電話で航空券を予約できるなど、ほとんどの人が使わない機能が充実し、高機能で高価格となっていった。NTTドコモは内需企業（日本国内のみの需要の企業）であるため、海外で使える携帯電話端末を目指すことはなく、世界標準のノキアが通話とメールだけのシンプルな機能と低価格で世界市場を席巻している。それに対し、日本の携帯電話端末は日本国内だけで高機能化を進めた。だからガラパゴスなのである。しかしAppleのiPhoneが日本国内で普及すると、日本の携帯電話端末メーカーもスマートフォン市場に参入した。しかしソニーのXperiaなどそれほど芳しくない。

　先進国の優良企業は高価格製品を供給し続けるしかない運命にある。低機能、低コスト、低価格の製品やサービスに参入することはできない。企業イメージの保持、高価格製品を買ってくれる既存顧客の維持、多数の従業員と高額の人件費を大企業は背負っている。

　サービス業でも、百貨店の三越、伊勢丹、高島屋などと100円ショップを比較すると分かりやすい。百貨店には呉服屋出身と鉄道会社出身（東急、小田急、東武、西武、京阪、阪神、阪急等）がある。呉服屋出身の百貨店（三越、伊勢丹、高島屋、松坂屋、松屋等）は特に高級志向である。低価格でそれなりに品質の良いものを販売することはできない。高品質で高価格を維持するしかない。百貨店は、一見ライバルに見えない100円ショップの台頭で売上の一部を失ったのではないか。消耗品、食器、箱、かご、はさみなどは100円ショップで十分と考える消費者が多いだろう。日米などの先進国では、富裕層も100円ショップで購入する。新興国の富裕層は廉価販売の店での買い物を避ける傾向にある。現在、百貨店不振は深刻で、百貨店の良い場所に大規模なユニクロなど廉価販売の店舗がテナントとして入っている。高級な街としてブランド化に成功している銀座にユニクロ、H&M、ZARAなど世界的なファストファッションが軒を連ねる。なお、ここでいう100円ショップがローエンド市場、百貨店がハイエンド市場である。ホテル業界では、ハイエンド市場が高級ホテル、ローエンド市場がカプセルホテルや格安ビジネスホテルである。このように製造業のみならず、サービス業でも伝統ある優良企業が新興企業に顧客を奪われるケースが散見される。

イノベーションの種類

　クリステンセン（1997）によると、イノベーションには2種類、持続的イノベーションと破壊的イノベーションがある。持続的イノベーションとは、既存の技術力を伸ばし、既存顧客が重視する性能を向上させることである。つまり既存技術の改善、改良である。それに対して、破壊的イノベーションは①ローエンド市場型と②新市場型に分かれる。①ローエンド市場型とは、必要最低限の性能で低価格製品・サービスを投入する市場で安さが売り、②新市場型とは主流市場では性能は劣るがそこでカバーされないジョブを解決し、新たな価値を提供する市場である。両方密接に関係するケースもある。例えば、ローエンド市場型の破壊的イノベーションは廉価なノートパソコン（5万円パソコン等）、新市場型の破壊的イノベーションとはiPadで、ノートパソコンに無い新しい価値を提供する。iPadがタブレット端末市場を創造したのである。

　クリステンセン（1997）によると、破壊的イノベーションは、改善・改良である持続的イノベーションと異なる。企業は成熟するにつれて、持続的イノベーションが得意になり、破壊的イノベーションは苦手になる。成熟した優良企業は破壊的イノベーションに成功した新興企業に破壊される。業界のリーダー企業に追いつき追い越せという継続的な改善で競争優位を得られると思う。主要顧客のニーズに応え続ける。他方、技術が劣る新興企業を低く評価する。そうしているうちに新興企業は低性能の製品を作る中で、経験を蓄積して上位の技術を習得していく。

　クリステンセン（1997）はこのようなイノベーターのジレンマの原因として次の5点を挙げている。

原則一：企業は顧客と投資家に資源を依存している。だから株価、株主、重要顧客への意識が強い。

原則二：小規模な市場では大企業の成長ニーズを解決できない。

原則三：存在しない市場は分析できない。

原則四：組織の能力は無能力の決定的要因になる。

原則五：技術の供給は市場の需要と等しいとは限らない。

表1：イノベーションの種類

	内容	例
持続的 イノベーション	既存の技術を既存顧客のニーズに合わせて改善・改良	徐々に性能を上げていく有名企業のパソコン
破壊的 イノベーション	① ローエンド市場型：低コスト、低技術力、低価格	新興企業がつくる必要最低限の性能の低価格パソコン
	② 新市場型：既存製品と類似の分野にあって新しい価値を提供する製品	アップルのiPad。タブレット端末市場を創造。

表2：既存の確立された技術に対する破壊的技術

確立された技術	破壊的技術
ハロゲン化銀写真フィルム	デジタル写真
固定電話	携帯電話
ノートパソコン	携帯デジタル端末
デスクトップパソコン	ソニー・プレイステーションⅡ、インターネット端末
総合証券サービス	オンライン証券取引
経営大学院	企業内大学、社内マネジメント研修プログラム
キャンパスと教室での授業	主にインターネットを利用した遠隔教育
有人戦闘機・爆撃機	無人航空機
外科的手術	関節鏡、・内視鏡手術
電力会社	分散発電（ガスタービン、マイクロタービン、燃料電池）

出典：クリステンセン（1997）邦訳23頁の表から抜粋

図1：持続的イノベーションと破壊的イノベーションの影響

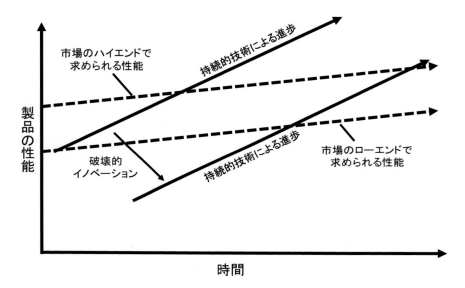

出典：クリステンセン（1997）邦訳10頁の図0.1

3．世界のテーマパーク市場とディズニー社のブランド力

　ここから世界のテーマパーク市場を考察する。表3は2014年世界主要10テーマパークグループの入場者数の合計である。

表3：2014年世界主要10テーマパークグループの入場者数（単位：人）

	企業グループ	本　　社	主要パーク	入場者数
1	ウォルト・ディズニー・アトラクションズ	米カリフォルニア州バーバンク	世界のディズニーランド	134,330,000
2	マーリン・エンターテイメント・グループ	英プール	欧州中心に中小パーク多数	62,800,000
3	ユニバーサル・スタジオ・リクレーション・グループ	米フロリダ州オーランド	世界のユニバーサル・スタジオ	40,152,000
4	OCTパークス・チャイナ (華僑城)	中国・深圳	都市開発とテーマパーク	27,990,000
5	シックス・フラッグズ・エンターテイメント	米テキサス州グランドプレーリー	絶叫マシン系パーク多数	25,638,000
6	セダー・フェア・エンターテイメント・グループ	米オハイオ州サンダスキー	ナッツベリーファーム等米国中小パーク多数	23,305,000
7	シーワールド　パークス＆エンターテイメント	米フロリダ州オーランド	米国の海のテーマパーク	22,399,000
8	パークス・リユニダス	西マドリード	欧米に中小パーク多数	22,206,000
9	Chimilong Group (長隆集団)	中国・広州	中国で観光開発	18,659,000
10	Song Cheng（宋城）Worldwide	中国・杭州	中国で文化、演劇、観光、ショービジネス	14,560,000
	合計			392,039,000

出典：2014年「Theme Index: Global Attraction Attendance Report[30]」p.9の表に加筆修正
発行者：Themed Entertainment Association　(TEA)

---

[30] AECOM HP「WHAT WE DO」「Economics」2013年1月12日アクセス
14,http://www.aecom.com/deployedfiles/Internet/Capabilities/Economics/_documents/Theme%20Index%20
2011.pdf

表 4：2011 年および 2014 年世界トップ 20 テーマパーク（単位：人）

	テーマパーク	立地	備考	2011 年 入場者数	2014 年 入場者数
1	マジックキングダム	米フロリダ州レイクブエナビスタ	ウォルト・ディズニー・ワールド第1パーク	17,142,000	①19,332,000
2	ディズニーランド	米カリフォルニア州アナハイム	世界初のディズニーランド	16,140,000	③16,769,000
3	東京ディズニーランド	日本・千葉		13,996,000	②17,300,000
4	東京ディズニーシー	日本・千葉		11,930,000	④14,100,000
5	ディズニーランド・パリ	仏マヌル・ラ・ヴァレ	パリ第1パーク	10,990,000	⑨9,940,000
6	エプコット	米フロリダ州レイクブエナビスタ	ウォルト・ディズニー・ワールド第2パーク	10,825,000	⑥11,454,000
7	ディズニー・アニマルキングダム	米フロリダ州レイクブエナビスタ	ウォルト・ディズニー・ワールド第4パーク	9,783,000	⑦10,402,000
8	ディズニー・ハリウッド・スタジオ	米フロリダ州レイクブエナビスタ	ウォルト・ディズニー・ワールド第3パーク	9,699,000	⑧10,312,000
9	ユニバーサル・スタジオ・ジャパン	日本・大阪	米コムキャストに買収された	8,500,000	⑤11,800,000
10	アイランド・オブ・アドベンチャー	米フロリダ州オーランド	ユニバーサル・オーランド第2パーク	7,674,000	⑪8,141,000
11	ロッテワールド	韓国ソウル	ロッテグループ	7,580,000	⑭7,606,000
12	香港海洋公園	香港	香港1の人気パーク	6,955,000	⑬7,792,000

13	サムスン・エバーランド	韓国京畿道	サムスングループ	6,570,000	⑯7,381,000
14	ディズニー・カリフォルニア・アドベンチャー	米カリフォルニア州アナハイム	アナハイム第2パーク	6,341,000	⑩8,769,000
15	ユニバーサル・スタジオ・フロリダ	米フロリダ州オーランド	ユニバーサル・オーランド第1パーク	6,044,000	⑪8,263,000
16	香港ディズニーランド	香港	香港2位の人気パーク	5,900,000	⑮7,500,000
17	ナガシマスパーランド	日本・三重	絶叫マシンで集客	5,820,000	⑲5,630,000
18	シーワールド・フロリダ	米フロリダ州オーランド		5,202,000	㉒4,683,000
19	ユニバーサル・スタジオ・ハリウッド	米カリフォルニア州ユニバーサルシティ	世界初のユニバーサル・スタジオ	5,141,000	⑰6,824,000
20	ウォルト・ディズニー・スタジオ	仏マヌル・ラ・ヴァレ	パリ第2パーク	4,710,000	㉕4,260,000

出典：2011年「Theme Index: Global Attraction Attendance Report[31]」の pp.12-13 の表に加筆

2014年「Theme Index: Global Attraction Attendance Report[32]」の pp.12-13 の表に加筆

　＊この表の左端の数値は2011年のランキングである。

　＊2014年入場者数の数字の前の〇内の数値は、2014年の順位である。

　フォーブスは2015年世界で最も高価格なブランド上位25社を発表した（表5）。そこでディズニー社は11位に入った。日本企業では8位にトヨタ自動車、23位にホンダが入っている。これだけブランド価値が高いと、高性能、高価格に進むしかない。

---

[31] AECOM HP「WHAT WE DO」「Economics」2013年1月12日アクセス
http://www.aecom.com/deployedfiles/Internet/Capabilities/Economics/_documents/Theme%20Index%2020
11.pdf
[32] TEA「2014 Theme Index」2016年3月28日アクセス
http://www.teaconnect.org/images/files/TEA_103_49736_150603.pdf

表5：FORBS 2015年世界で最も高価値なブランド上位25社

	社名	ブランド価値	前年比
1	Apple	1,453億ドル	17%増
2	Microsoft	693億ドル	10%増
3	Google	656億ドル	16%増
4	Coca-Cola	560億ドル	0%
5	IBM	498億ドル	4%増
6	McDonald	395億ドル	−1%
7	Samsung	379億ドル	8%増
8	Toyota	378億ドル	21%増
9	General Electric	375億ドル	1%増
10	Facebook	365億ドル	54%増
11	**Disney**	**346億ドル**	**26%増**
12	AT&T	291億ドル	17%増
13	Amazon.com	281億ドル	32%増
14	Louis Vuitton	281億ドル	−6%
15	Cisco	276億ドル	−2%
16	BMW	275億ドル	−5%
17	Oracle	268億ドル	4%増
18	Nike	263億ドル	4%増
19	Intel	258億ドル	−8%
20	Wal-Mart	247億ドル	6%増
21	Verizon	245億ドル	14%増
22	American Express	234億ドル	13%増
23	Honda	226億ドル	−3%
24	Mercedes-Benz	225億ドル	−5%
25	Budweiser	223億ドル	4%増

出典：Forbs Japan「世界で『最も高価値なブランド』上位25社　トヨタが8位に」2016年3月30日アクセス　http://forbesjapan.com/articles/detail/4776

4．テーマパーク産業におけるイノベーターのジレンマ

株式会社オリエンタルランドは 1960 年設立、千葉県浦安市舞浜に本社を置く。代表取締役社長(兼)COO、上西京一郎氏、資本金約 632 億円、取締役 9 名、監査役 4 名、執行役員 19 名、正社員 2,229 名、テーマパーク社員 820 名、準社員 18,706 名、事業内容テーマパーク経営・運営、不動産賃貸等、主要取引銀行、みずほ銀行、三井住友信託銀行、業務提携先、ディズニー・エンタプライゼズ・インク、大株主は京成電鉄、三井不動産、千葉県等である。2015 年 3月期の売上高約 4,662 億円、営業利益約 1,106 億円、経常利益約 1,104 億円、当期純利益約 720 億円、連結子会社 16 社（2015 年 9 月 1 日現在）、東京証券取引所一部上場である[33]。このように非常に利益率の高い優良企業である。

クリステンセン（1997）によると、顧客が利用可能な性能はそれほど急に高くならないが、企業努力によって性能が急上昇し、顧客の求める性能を超える。開発費を価格に転嫁するため、顧客が望む価格以上になる。優良企業の製品は高価格化が進む。そのため安さを売りにした新興企業に破れる。パソコン、携帯電話、iPhone、テレビ（インターネット接続）は高度で複雑な機能が多く、それらの操作が苦手な人には使いこなせない。

しかし、<u>テーマパークでは顧客が使いこなす能力は不要なので、ディズニー社やオリエンタルランドのように資金力のある大規模テーマパークだけが、巨額投資をして大型アトラクションを追加し、テーマパークの価値を上げていく</u>。ディズニー社およびオリエンタルランドでは継続的な追加投資によってリピーターを確保している。

オリエンタルランドはアトラクション増加で東京ディズニーランド（TDL）や東京ディズニーシー（TDS）の価値が上がった理由で数百円の値上げを繰り返している。2016 年 3 月までが大人 1 日 6,900 円[34]であった。それも 2016 年 4 月 1 日から 7,400 円に値上げされた[35]。一人でTDR に行く人は珍しい。二人か三人か四人で行く人が多いだろう。二人で行ったとしても入場料金だけで 14,800 円、そこに飲食と物品販売、そこまでの交通費は別途かかる。2014 年のTDR の来場者の顧客単価は 10,955 円である[36]。若年層の顧客が多いことから、一日のレジャーにかける金額としては高額である。バブル崩壊後に就職した世代以降の貧困が指摘されている。2000 年代は「若年非正規雇用」「若年貧困問題」などと若年層の非正規雇用に伴う貧困が

---

[33] オリエンタルランド HP「会社概要」2016 年 4 月 22 日アクセス　http://www.olc.co.jp/company/profile/
[34] オリエンタルランド HP「価格改定について」2016 年 3 月 28 日アクセス
http://www.tokyodisneyresort.jp/manage/info/ticket160208/
[35] オリエンタルランド HP「パークチケット」2016 年 3 月 28 日アクセス
http://www.tokyodisneyresort.jp/ticket/
[36] オリエンタルランド HP「ゲストプロフィール」2016 年 3 月 28 日アクセス
http://www.olc.co.jp/tdr/guest/profile.html

問題視された。その層は2016年現在40歳代になる。それより年下の30歳代では契約社員、派遣社員、臨時社員、嘱託社員など様々な非正規雇用者の比率が高まっていく。2000年代に若年雇用問題が浮上し、2010年代になると中年貧困問題が浮上してきた。このまま日本人の平均所得が下がり続けると、この価格のテーマパークに通える人は減少の一途をたどる。

オリエンタルランドは値上げのたびにTDRの価値が上がったからと説明している。具体的に年間いくら投資投資しているのだろう。オリエンタルランドは①テーマパーク事業、②ホテル事業、③リテイル事業、④その他の事業（ショッピングセンター、モノレール等）の4つの事業を有する。2010年から2015年までの6年間の投資額を見てみよう。最も安い2010年で約194億円、それ以降は200億円台、2015年には370億円の投資をしている。その大半をテーマパーク事業に費やしている。これら6ヶ年以外の年の投資額は不明である。オリエンタルランドはHPで、TDL建設以来の累計投資額は1兆3,000億円（TDR各施設開業時の初期投資が7,000億円、追加投資が6,000億円）に及ぶと公表している[37]。

TDL開業は1983年なので2016年は33年目である。1兆3,000億円を33年で割ると約394億円である。33年間の平均年間投資額は394億円である。TDL開業時の初期投資額が約1,800億円、TDS開業時の初期投資額は3,350億円、2014年から2023年の10年間でテーマパーク事業に5,000億円の投資をする計画である[38]。

業界2位のUSJの投資額はいくらであろうか。USJは2001年3月オープンで、初期投資額約1,800億円であった。「初年度バブル」で年間1,000万人を超えたが、「2年目のジンクス」で2年目に大幅に低下し、その後も入場者数を減らした。2004年にUSJにとっては大型投資となる新アトラクション「スパイダーマン」を導入した。その後もTDRに比べて低額な投資を続けてきた。USJにとって巨額投資となったのは2014年開業のハリーポッター450億円である。そして東京オリンピックの2020年に間に合うように任天堂のスーパーマリオのアトラクションを400億円で新設すると発表した。

---

[37] オリエンタルランドHP「1．新しい発見と感動が常に生まれる場所」2016年3月28日アクセス
http://www.olc.co.jp/ir/feature/report1.html
[38] オリエンタルランドHP「東京ディズニーリゾートの成長の軌跡」2016年3月28日アクセス
http://www.olc.co.jp/ir/pdf/annual/2014/annual_03.pdf

表6：オリエンタルランドのセグメント別設備投資額

	2010年	2011年	2012年	2013年	2014年	2015年
テーマパーク事業	176.45億円	262.36億円	220.09億円	264.96億円	169.18億円	338.62億円
ホテル事業	2.71億円	5.72億円	6.40億円	10.56億円	21.32億円	15.31億円
リテイル事業	3.35億円	－	－	－	－	－
その他の事業	11.69億円	11.01億円	5.63億円	11.95億円	13.26億円	16.51億円
消去又は全社	(200万円)	(600万円)	(300万円)	(1,800万円)	(1,000万円)	(1,100万円)
合計	194.18億円	262.36億円	232.09億円	287.29億円	203.66億円	370.34億円

出典：オリエンタルランドHP「業績データ推移」2016年3月28日アクセス

http://www.olc.co.jp/ir/data.html

表7：USJのアトラクション等の大型投資

オープン時期	投資対象	金額
2001年3月	USJ開業	約1,800億円
2004年1月	スパイダーマン・ザ・ライド	約140億円
2006年4月	ピーターパンのネバーランド	非公表
2007年3月	ハリウッド・ドリーム・ザ・ライド	約50億円
2007年7月	マジカル・オズ・ゴーラウンド	約2億円
2008年3月	ファンタスティック・ワールド	約16億円
2009年3月	夜間パレード	約30億円
2010年3月	スペース・ファンタジー・ザ・ライド	約50億円
2012年3月	ユニバーサル・ワンダーランド	非公表
2014年後半	映画「ハリーポッター」をテーマにした新エリア	約450億円
2020年	任天堂「スーパーマリオ」エリア	約400億円

出典：次の資料を元に作成。

● 2013/01/09日本経済新聞　朝刊11頁「これからのテーマパーク（中）ユニバーサル・ス

タジオ・ジャパン。」

- 2007/04/10 日本経済新聞　地方経済面　兵庫 46 頁「USJ にメリーゴーラウンド、7 月開業——幼児も利用 OK、家族連れに対応。」
- 2009/03/18 日経産業新聞 18 頁「夜間パレード導入 2 週間、USJ、地元客取り戻す——全国規模の集客課題。」
- 産経 WEST「USJ、マリオに 400 億円　任天堂との新アトラクションは正面ゲート左側に（2016/3/05）」2016 年 3 月 28 日アクセス
  http://www.sankei.com/west/news/160305/wst1603050022-n1.html

　投資額から分かるように、TDR と USJ が日本のテーマパーク産業の東西二強といわれるものの、決して対等な実力の二社がいい勝負をしているのではない。会社の規模の比率では、トヨタ自動車に対して日産自動車やホンダではない。TDR がトヨタ自動車なら USJ は三菱自動車くらいの比率である。USJ は三菱自動車のような大企業ではない。あくまで比率である。トヨタ自動車と三菱自動車を指して二強と言っているようなものである。トヨタ自動車にとれる経営戦略を三菱自動車は取ることはできない。トヨタ自動車と比べるならば、三菱自動車は弱者の戦略を取るしかない。

　他方、TDR と USJ 以外のテーマパークはどうなのであろう。例えば、絶叫マシンと呼ばれる大型のジェットコースターは一基 20〜30 億円である。1990 年開業のスペースワールド（北九州市）の総工費は約 300 億円であった。2016 年によみうりランド内にオープンした「グッジョバ！」は総工費約 100 億円である。

　このように、TDR 以外のテーマパークはそれほど大規模な投資はできないのである。そのため TDR や USJ 以外のテーマパークは少額の費用で運営することになる。大手二社の中でも、USJ の資金力はオリエンタルランドに大きな差がある。USJ は低予算で工夫するため、顧客参加型のハロウィンナイトやゾンビなどになる。テーマパークなのに USJ 初期のテーマ「パワー・オブ・ハリウッド」に固執できなくなり、「ファミリー・エンターテイメント」に変えた。生前のウォルト・ディズニーのアイディアにより、世界のディズニーランドでは「ファミリー・エンターテイメント」がテーマである。USJ のテーマは米 NBC ユニバーサル社の映画がテーマのはずが、「ユニバーサル・クール・ジャパン」を掲げ、日本のコンテンツを多用するようになった。それらはエヴァンゲリオン、進撃の巨人、バイオハザード、モンスターハン

ター、きゃりーぱみゅぱみゅ等である[39]。これらは新アトラクションのハードを建設するより低価格である。

　世界のテーマパーク産業を自動車産業で企業規模や売上高、ブランド力等の比率に当てはめると次のようになる。ディズニー社はフェラーリ、ベントレー、GMの混合で、生産台数が非常に多くなったと考えてよい。高級車市場のハイエンドとスポーツカーのハイエンドの複合で、そこにGMの大衆性を加えたものである。それに対してオリエンタルランドはトヨタ自動車、USJは三菱自動車、日本の他の頑張るテーマパークは光岡自動車[40]である。アメリカのコムキャストNBCユニバーサル社はGMかフォードかクライスラーと考えてよい。

表8：類似する自動車会社に例えた企業規模比率

企業	類似の自動車会社	理由	経営スタイル
ディズニー社	フェラーリ、ベントレー、GM混合で大量生産	GMの大衆車、フェラーリとベントレーで高価格帯充実。世界最高の技術力	アメリカ型資本主義
コムキャストNBCユニバーサル社	フォードかクライスラーかフォルクスワーゲン	本業の映画会社とテレビ局を含めての規模	アメリカ型資本主義
オリエンタルランド	トヨタ自動車	大衆車から高級車まで	日本的経営（終身雇用）
(株)ユー・エス・ジェイ	三菱自動車	高価格化が推進	大阪市との第3セクターが民営化し、米コムキャストに買収された。
大多数のテーマパーク	光岡自動車	地域密着、一部のファン、ニッチ市場、廉価販売、最低限の生存利益確保	親会社依存。別の収入源があるケースも。

---

[39] ユニバーサル・スタジオ・ジャパンHP「ユニバーサル・クールジャパン2016」2016年3月28日アクセス http://www.usj.co.jp/universal-cool-japan2016/
[40] 光岡自動車は1968年創業、富山県富山市の自動車会社である。資本金1億円、グループ全体従業員数351人、売上高186億円（2015年度12月末：国内グループ全体）である。部門別売上比は開発事業7.5%、正規輸入車ディーラ事業48%、ブブ中古車事業44.5%である。
株式会社光岡自動車HP「会社概要」2016年4月8日アクセス　http://www.mitsuoka-motor.com/company/

６．テーマパーク産業におけるイノベーターのジレンマ

　他の多くの産業ではイノベーターのジレンマに陥り、先進国の優良企業が新興企業に破れている。これは製造業で多く見られるケースであるが、サービス業でも多発している。特にテーマパーク産業はイノベーションの積み重ねである。その中でもディズニーのアトラクションはイノベーションの連続である。常時いくつかのアトラクションが「定期点検のためお休みです」とある。その間、消耗品の取り替えや本格的なメンテナンスを行うと推測できる。10数年に一度リニューアルされることもある。例えば、TDL のアトラクション「スター・ツアーズ」は松下電器（現 Panasonic）がスポンサーで 1989 年オープン、2012 年に大幅リニューアルされた。リピーターは飽きるため、テーマパークは常時追加投資を余儀なくされる過酷な産業である。新規アトラクションやパレード等が次々に導入されている必要がある。テーマパーク産業のイノベーションは同じ技術が上方に進んでいく。持続的イノベーションである。

　クリステンセン（1997）によると、技術の供給は市場の需要と一致せず、市場が望むよりも高品質、高性能で高価格すぎるため、新興企業の低価格製品に破れる。しかしテーマパーク産業ではそのようなことは 2016 年 8 月現在起こっていない。新興テーマパークは資金不足、それどころか初期投資回収にすら苦戦している。優良テーマパーク（ここではオリエンタルランド）を脅かすようなことはない。USJ の 2014 年ハリーポッター開業からの入場者数増加効果は 3 年程度と考えられる。5 年は続かないだろう。もし 5 年以上入場者数増加が見られたら、ハリーポッター以外の要因があるだろう。しかも、千葉県浦安市の TDR の入場者の 7 割弱が関東圏からで、非関東圏からは 3 割強に留まっている。全国から集客しているにように見える TDR であるが、実は非関東圏からの来場者は全体の 3 割強である[41]。

　TDR はアトラクション等の質を上げるしかなくなり、結果的に顧客から徴収するため入場料が数百円の値上げを続け、2016 年 4 月から大人一日 7,400 円となる。これでは先進国の中流以上の消費者でも躊躇する高価格である。つまりオリエンタルランドは新興テーマパークに顧客を奪われるよりも、高品質、高性能に走りすぎて、高価格化の新興によって顧客を失っていくのではないか。これではいくらアトラクションが増えてテーマパークの価値が上がったからと言われても納得できない。無い袖は振れない。消費者は娯楽費削減から来場回数を減らすしかない。これがテーマパーク産業におけるイノベーターのジレンマである。

　アメリカ 2 カ所のディズニーリゾートでも東京同様に高価格化が進んでいる。カリフォルニア州アナハイムでは、ディズニーランドと隣接のディズニー・カリフォルニア・アドベンチャ

---

[41] オリエンタルランド「ゲストプロフィール」2016 年 4 月 6 日アクセス
http://www.olc.co.jp/tdr/guest/profile.html

ーがそれぞれ99米ドル（1ドル110円換算で10,890円）である。滞在型をめざしているため、2日連続で185ドル（同20,350円）、3日連続で235ドル（同25,850円）である[42]。一方、フロリダ州オーランドのディズニーワールドは完全に滞在型リゾートであるため、1日券から10日券まである。ディズニーワールド内の4つのテーマパーク、マジックキングダム（TDLとほぼ同じテーマとコンテンツ）、EPCOT（実験的未来都市がテーマ）、ハリウッド・スタジオ（ハリウッド映画がテーマ）、アニマル・キングダム（動物がテーマ）がある。それは1日券が105ドル（110円換算で11,550円）、4パークのいずれかに毎日入場できるチケットは、2日券が192ドル（21,120円）、3日券が275ドル（30,250円）と10日券まで続く。4パークを毎日何回でも入退場できるチケットもあり、64ドル（7,040円）の追加で変更できる[43]。

　カリフォルニア州アナハイムはロサンゼルスの郊外で、高速道路で1時間程度の距離である。人口の集積から近距離であり、宿泊を伴わない来場者も多いだろう。しかしフロリダ州オーランドは遠方から飛行機で行く場所である。飛行機を降りたらレンタカーを借りる人が多い。リムジンバスやディズニーワールド内を走る無料バスもあるが、30分に1本程度である。入場料だけではなく、交通費、宿泊費、食費等がかかる。一人で行く人は珍しい。家族か友人と一緒に行くと、人数分の支出が生じる。この価格では、アメリカ等の先進国の中流階級以上の一部の人しか拠出できない金額である。

　では、香港ディズニーランドはどうだろう。香港ディズニーランドは1パークのみである。1日券が539香港ドル（1香港ドル14円換算で7,645円）、2日券が739香港ドル（同10,484円）である[44]。香港市民が裕福でもこの価格では富裕層しかこられないだろう。

　ディズニーランド・リゾート・パリでは、ディズニーランド・パリ（TDLとほぼ同じコンテンツ）とウォルト・ディズニー・スタジオがある。1日券が69ユーロ（1ユーロ125円換算で8,642円）である[45]。フランスなど西ヨーロッパの国民であっても、一日にこの金額を支出するレジャーは中流階級以上の一部の人になるだろう。

---

[42] Disney.com「チケットの種類」2016年4月6日アクセス
http://disneyparks.disney.go.com/jp/disneyland/tickets/
[43] Walt Disney World「チケットの種類」2016年4月6日アクセス
http://disneyparks.disney.go.com/jp/disneyworld/tickets/
[44] 香港ディズニーランド「パークチケット」2016年4月6日アクセス
https://www.hongkongdisneyland.com/ja/tickets/
[45] Disneyland Paris「Park tickets」2016年4月6日アクセス
https://www.booktickets.disneylandparis.com/tnsa64/live/shop/8en/MAININTENCD/pluto/index.php?vld=1&ecmp=n&affid=SECUTIX&tduid=32454335543R

香港ディズニーランドおよびディズニーランド・リゾート・パリでもイノベーターのジレンマが生じているだろう。

7．ディズニーランドの高価格化が進む理由

ディズニーランドの高価格化はなぜ進むのか。それは、①地価高騰、②建設資材高騰、③人件費高騰（建設作業員・開業後の従業員）、④高額の法人税、固定資産税等、⑤追加投資にあるだろう。

地価高騰についてであるが、全て大都市の郊外に広い土地という好立地であるため、取得するに当たって高額である。さらに、行政の協力を得てディズニーランドまでの電車を引いている。例えば、ディズニーランド・パリ（設立当初ユーロディズニーランド）設立に当たって、フランス政府とマヌル＝ラ＝ヴァレ地方政府の協力で電車を引いた。それ以前からそこはヨーロッパの複数の都市から車で行きやすい交通の要所である。そのような土地を入手するのは高額である。香港ディズニーランド開業に際して、香港政府の協力を得て電車を開通した。空港からの電車も開通した。これら交通インフラの整備にも巨額の資金が必要になる。新興国で建設ラッシュのため、建設資材と建設作業員の人件費が高騰している。開業後の従業員の人件費もインフレである。所得を得られたとしても、高額の法人所得税と固定資産税を取られる。香港ディズニーランドは香港市政府から土地を借りているが、借地料がかかる（中島, 2014）。

香港ディズニーランドのケース

イノベーターのジレンマは香港ディズニーランド開業が話題になっていた2005年に既に片鱗を見せていた。

2005年9月に、市場調査のエーシーニールセン・コーポレーション（東京都港区）はその認知度など中国での意識調査の結果を公表した。それによると香港ディズニーランド開園を知っていると答えた人は全体の74%、来園を希望する人は30%にとどまった。北京、上海、広州の三都市で1,500人を対象に電話で調査を実施し、世帯収入と比例し開園の認知度が高くなる傾向が明らかになった。収入が月間2,500元（約3万3,800円）以下の世帯は開園の認知度が55%であるのに対し、5,000元（約6万7,600円）以上の世帯は88%で33ポイント高かった。来園したいと回答した人の割合でも高所得者層ほど多いという傾向が見られた[46]。

---

[46] 2005/09/09 日経MJ（流通新聞）9頁「香港ディズニー、高所得者ほど関心──ACニールセン、中国3都市調査。」

別の調査でも、半数以上が香港ディズニーランド開園を認識していた。都市別に見ると広州が88%、上海が74%、北京が67%と香港に一番近い広州での認知度が高く、開園2ヶ月以内の来園希望者は、広州が2割と、上海が14%、北京が13%を上回っており訪問にも高い関心を示していた。年齢別では、15−24歳は85%以上、25−34歳では80%以上が開園を知っていると回答し、45−54歳の54%を大きく上回った。若い世代を中心に知名度が高いといえる。世帯収入に比例して香港ディズニーランドの認知度が高かった。世帯収入が5,000元（約6万7,500円）以上の回答者の9割が開園を認知、4割以上が来園すると答えたのに対し、2,500元未満では開園の認知は約6割、来園希望も2割にとどまった。香港はショッピングの中心地として中国本土からの観光客が多い。来園時期については、大型連休となる10月の国慶節か春節（旧正月）とする回答が大半だった。日米のディズニーランドより費用が安上がりで手軽に来場できるが、まずは富裕層が来場すると見られていた[47]。

　香港ディズニーランド開業の2005年は、入場料は繁忙期を除く平日で、大人295香港ドル（約4,100円）、子供210香港ドル（約2,900円）に設定して、TDLの5,500円（2005年当時）に比べ、割安感を演出した。それを可能にしたのが行政の手厚い支援で、同プロジェクトには香港政府がインフラ整備などで224億5,000万香港ドルを拠出して、米ディズニー社の資金負担を軽くした[48]。

　2005年に295香港ドルであったのに、2016年4月現在539香港ドルである。11年間で物価上昇率約182.7%、2倍弱になっている。バブル崩壊後の日本では考えられない物価上昇率である。

　2005年開業の香港ディズニーランドであるが、開業2ヶ月目から低迷した。それでも2008年4月、開業4年目に新アトラクション「イッツ・ア・スモールワールド」を新設した。2007年度（2007年10月−2008年9月）の入場者数を前年度比8%増やした[49]。2009年7月、香港政府は香港ディズニーの拡張で米ディズニー社と合意した。米ディズニー社が35億香港ドル（約430億円）を追加出資し、遊戯エリアを4カ所から7カ所に増やし、拡張は5年以内に完了する見通しで、開業から続く不振に歯止めをかける計画であった[50]。香港ディズニーランドは

---

[47] 2005/09/12 日経産業新聞5頁「香港ディズニーランドきょう開園——北京・上海・広州の在住者、富裕層ほど関心高く。」
[48] 2005/01/04 日経産業新聞2頁「香港ディズニーランド9月開業、TDLに影響も——アジア観光客シフト必至。」
[49] 2009/02/18 日本経済新聞　朝刊29頁「香港特集——香港、新たな魅力演出、「香港海洋公園」奇跡の復活。」
[50] 2009/07/01 日本経済新聞　朝刊8頁「香港ディズニー拡張へ（ダイジェスト）」

経営不振なのに、外部の競争環境だけは熾烈さを増していく。香港海洋公園という地元のテーマパークが入場者を伸ばしていた。香港ディズニーランドは業績低迷が続き、2010年度決算（2009年10月－2010年9月）は7億2,000万香港ドル（約76億円）の最終赤字を計上した。入場者数は523万人と2009年度比で13%増えたが、利払いなどが収益を圧迫した。2009年度も13億2,000万香港ドルの最終赤字と伸び悩んだ[51]。それにも関わらず、2011年4月、香港ディズニーランドは2014年に予定していた拡張工事の完成を2013年に前倒しする計画を発表した。3アトラクションに計36億3,000万香港ドル（約400億円）を投資して、上海ディズニーの開業前に施設の魅力を高め、集客を有利に進める目的だった。拡張計画の中心はアニメ「トイ・ストーリー」をテーマにしたアトラクションで2011年内の完成を見込んでいた[52]。

　香港ディズニーは2011年8月1日から入場料金を引き上げ、1日券の料金は大人（12－64歳）が399香港ドル（約4,150円）、子供（3－11歳）が285香港ドル（約2,960円）とそれぞれ14%高くなると発表した。2005年の開業以来のインフレ率の累計は20%近くに達し、人民元をはじめ主要通貨に対し香港ドルは20%以上下落した[53]。

　新興国では速いスピードで物価が上がるインフレに悩まされている。そのため香港ディズニーも入場料値上げに踏み切るしかなくなった。香港ディズニーランドは低迷の中での追加投資と入場料アップの連続であった。

　ここにもイノベーターのジレンマが見られる。ディズニーランドのイノベーションは既存技術の持続的イノベーションである。低技術・低コストで庶民に低価格で楽しめるエンターテイメントを提供する企業ではない。追加投資して施設の魅力を上げる必要があるが、高コストなので高価格化が進む。そうすると香港や広東省など平均所得の高い地域でも富裕層を対象とするしかない。しかし大型レジャー施設なので大衆性・大量集客の必要がある。ウォルト・ディズニーは生前常に大衆に受けることを考えていた。ウォルトは大衆性を考慮していたが、現在は高価格化が進行し、各地域の平均所得の人よりも富裕層向けのレジャー施設となっている。

---

[51] 2011/01/24 日本経済新聞　朝刊6頁「香港ディズニー業績低迷、前期赤字、利払い圧迫——上海開業で集客懸念。」
[52] 2011/04/11 日経産業新聞11頁「中国のディズニーランド、2つの極、集客競う——香港、拡張、13年に前倒し。」
[53] 2011/07/13 日経産業新聞11頁「香港ディズニーランド、入場料14%上げ、来月から、65歳以上は下げ。」

8．考察

　ウォルト・ディズニーは常に大衆を意識し、どうしたら大衆に受け入れられるか考える人だった。ウォルトは子供の頃、貧しくて遊園地に行けずに指をくわえて見ていた。ウォルト時代のディズニーランドは大衆が入園可能な価格設定だったのではないか。その後、高額な追加投資を続けなければリピーターを呼べない過酷な競争に陥り、持続的イノベーションを続け、高価格化を進めている。ウォルトは1966年に病死したので、それ以降はウォルトの意志を受け継ぐものの、ウォルトの希望以上に高価格化が進んでいるはずである。

　ディズニーランドはトヨタ自動車の販売店に例えると次のようになる。

　大衆向け価格のヴィッツを買うために販売店に行ったら、確かにヴィッツはあるが、マーク2もあり、カローラもある。クラウンもセルシオもある。高価格帯製品の方が魅力的に見え、購買欲求を刺激される。企業は大衆向け商品で来店させ、富裕層向け商品へと誘導したい。ディズニーランドに行った時ホテルに泊まろうとすると、離れた場所の大衆向けのホテル（ディズニー・グッドネイバーホテルという）からTDR内の直営ホテルまである。ディズニー・アンバサダーホテルなら1泊4万円程度で最安値の部屋（それでも十分に高級ホテル）に泊まれるが、一番高級な東京ディズニーランドホテルに泊まろうとすると、人気のキャラクタールーム、スーペリアルーム、スイートルームと高価格帯の部屋が続く。最高額のウォルト・ディズニー・スイートは一泊50万円である[54]。まるでレクサスである。つまり、トヨタ自動車に例えると、最初大衆向け価格の車で引き寄せ、富裕層をクラウン、セルシオ、そしてレクサスに誘導していくのである。間口は広く、大衆も変える価格のチケットであるが、飲食、物品販売、宿泊で高価格帯商品へと誘導していく。顧客はチケット料金だけ捻出できればよいのではない。

ハイエンド市場での勝敗

　多くの産業では巨大資本の優良企業はハイエンド市場で惨敗する。新興企業の低性能・低価格製品に破れるのである。しかしながら、テーマパーク産業では巨大資本の優良テーマパークはハイエンド市場で圧勝する。それは世界のディズニーランドである。低性能・低価格のテーマパークは太刀打ちできない。

---

[54] 東京ディズニーリゾート　オンライン予約・購入サイト　2016年4月8日アクセス
https://reserve.tokyodisneyresort.jp/hotel/list/#_ga=1.202910803.376005952.1460047261

表9：ハイエンド市場での勝敗

産業	対象	市場	勝敗	勝ち組企業
多くの産業	巨大資本の優良企業	ハイエンド市場	惨敗	新興企業（低性能・低価格で）
テーマパーク産業	巨大資本の優良テーマパーク	ハイエンド市場	圧勝	世界のディズニーランド

　ディズニーランドの総工費とアトラクション・パレード等の追加投資は群を抜いている。すでに一日で回りきれない規模で、さらに混雑で待ち時間が長く、とても一日で回りきれない。それが悔しくてリピートする人もいるだろう。クリステンセン（1997）によると、破壊的イノベーションは新興企業が、ローエンド市場で低技術力・低コスト・低価格の製品を作る中で能力を上げていき、より上位の製品を作れるようになることである。しかしテーマパーク産業にその性質は今のところ無い。

　しかし、テーマパーク産業におけるイノベーターのジレンマは、更なるハイエンド市場に突き進むディズニーランドの高コスト体質が高価格を進め、先進国の中流階級以上の人しか購入できない価格になっていることである。それが各国の物価上昇率と一致していればいいが、そんなことはない。生活者は可処分所得を有効に分配してより良い生活を構築する。テーマパーク以外にも、他のレジャー産業が充実している。テーマパークの競合は商業施設やインターネットの無料動画でもある。レジャーの低価格化は中年貧困問題、若年貧困問題が一因であろう。1997年をピークに日本の労働者の平均年収は低下の一途をたどっている。バブル崩壊後の社会しか知らない若年層は低コストの中でささやかな幸せを見つける傾向にある。一日に1万円を超える支出をテーマパークに使うことを躊躇する人が今後もっと増えるだろう。アメリカ、パリ、香港、上海のディズニーランドも同様である。

非正規雇用問題と格差問題

　バブル崩壊後、デフレが進んだ日本でもTDRのある首都圏ではアルバイトの人件費が上昇している。高コストなオリエンタルランドにあって、パフォーマー（ミッキーマウス等のキャラクターに扮して踊るダンサー）が偽装請負（後述）という違法労働であったことが発覚し、一部正社員化された。そのためパフォーマーが減らされた。その後、人間のパフォーマーを使わないプロジェクションマッピング（シンデレラ城に投影する光と音のショー）が導入された（第6章に詳しい）。プロジェクションマッピングならば20億円の初期投資のみで、毎回のラ

ンニングコストはそれを稼働させる電気代だけと推測できる。労働者の権利が強くなると正社員化されるが、一般的に売上高の3割程度しか人件費にできないとされている。売上高が増えないのに人件費を増やすことはできない。原資は一定である。パフォーマーは低コストの偽装請負だから多くの人が契約されていたのである。正社員では人数を大きく減らされる。キャストと呼ばれるアルバイトも長く勤務してもオリエンタルランドやその連結子会社の正社員になれない。ただし、優秀なアルバイトを正社員化しないオリエンタルランドが一方的に悪いわけではない。大手不動産および鉄道会社の合弁会社であるオリエンタルランドは大手ディベロッパーである。「キャストの世界観」はオリエンタルランドの正社員の仕事能力と大きく異なる。キャストの世界観とは、顧客（ゲスト）に良いサービスをして喜ばれることはキャストにとって喜びという強いホスピタリティ志向の世界観である（中島, 2012, 43-46頁）。現代の日本では、店に来た客をさばくだけの仕事はアルバイトの仕事である。さらに、オリエンタルランドは東京証券取引所一部上場企業なので、それなりのレベルの大学を出ている人が正社員の大半を占める。大学生の人気就職先ランキングで毎年上位に入る大人気企業なので倍率が高い。アルバイトで採用される人材の質と大きく異なる。

　各労働者の能力の差はあるが、同じTDRで働く従業員でありながら、運良く正社員雇用された人と非正規労働者の収入格差や雇用の安定性の格差が非常に大きい。東証一部上場のオリエンタルランドの正社員は、平均年齢44歳、平均勤続年数19.8年、平均年間給与約775万円[55]である（2016年3月現在）。

イノベーターのトリレンマ

　クリステンセン（1997）によると、先進国の優良企業が①高性能・高付加価値、②高価格を同時に達成できないというイノベーターのジレンマに陥っている。それと比較して、テーマパーク産業では、①高性能・高付加価値、②高価格、③非正規雇用問題・格差問題を同時に達成できない。テーマパーク産業におけるイノベーターのジレンマは「イノベーターの<u>トリレンマ</u>」であった。

　クリステンセン（1997）のイノベーターのジレンマでは、二つの嫌なことのどちらかを選ばなければならない。すると必ずトレードオフが生じる。高性能で高価格はクリステンセン理論と同じであるが、テーマパーク産業では世界市場を牽引するのは最優良企業のウォルト・ディズニー社であって、新興企業の廉価テーマパークではない。

---

[55] 株式会社オリエンタルランド有価証券報告書 –第56期（平成27年4月1日–平成28年3月31日）

さらにオリエンタルランドの正社員としてパフォーマー等を正規雇用できない問題もある。アルバイトのキャストも同様に非正規雇用である。オリエンタルランドの正社員と非正規労働者の給与格差、雇用の安定性の格差が大きい。この点を批判され、企業イメージや企業価値が低下している。先ほどの問題に戻るが、バブル崩壊後に就職した氷河期世代は現在30-40歳代である。中年非正規雇用問題、中年貧困問題が生じている。この解決の糸口は現在見られない。一億層中流時代は過去である。オリエンタルランドはこの層を主要顧客にするしかない。

8．まとめ

　本章では、テーマパーク産業におけるイノベーターのジレンマを考察した。テーマパーク産業では、米ディズニー社のディズニーランドが世界のハイエンド市場で圧勝している。

　イノベーターのジレンマとは、先進国の優良企業が新興企業に競争で敗れるのは、持続的イノベーションにより既存顧客の希望に添った改良を加えるが、顧客の望む水準を超え、高価格化が進むため、新興企業の低価格商品に敗れることである（クリステンセン，1997）。

　しかしテーマパークでは顧客が使いこなす能力は不要なので、ディズニー社やオリエンタルランドのように資金力のある大規模テーマパークだけが、巨額投資をして大型アトラクションを追加し、テーマパークの価値を上げていく。米ディズニーおよびオリエンタルランドでは継続的な追加投資によってリピーターを確保している。特に日米のディズニーランドは世界のテーマパーク産業のハイエンド市場である。しかしながら、テーマパーク産業のようなホスピタリティ産業、エンターテイメント産業では顧客の予想を上回る驚きや感動が求められる。消費者の目は肥えていく。使いこなせない機能だらけの製品とは異なる性質である。

　テーマパーク産業におけるイノベーターのジレンマは、①高性能・高付加価値、②高価格、③非正規雇用問題・格差問題を同時に達成できない「イノベーターのトリレンマ」である。

　他方、ローエンド市場のテーマパーク・遊園地は全国各地に多数存在する。ちょっとした商業施設にテーマを持たせて、それが「花のテーマパーク」「光のテーマパーク」「フードテーマパーク」など何らかの形でテーマパークを自称したり、報道されたりする。ショッピングセンター、高速道路のサービスエリア、アウトレットなどにテーマを持たせ、テーマパーク風の空間演出をする。これら商業施設自体の集客力や利益があれば、ローエンド市場のテーマパークとは言えなくもない。それらがテーマパーク産業を複雑かつ大きくしている。それら以外にも中小のテーマパーク・遊園地は目立たないだけで数百あった。しかしそれらも2001年にTDSとUSJ開業で関東と関西を中心にテーマパーク・遊園地の閉園ラッシュが始まった（中島，2012）。ローエンド市場のテーマパークは日本では話題に出にくいだけで、多数存在する。

子供向けの小さい動きの乗り物中心で、陳腐化した古い技術で製造されている。これらローエンド市場のテーマパークがハイエンド市場（TDR）の顧客を奪い、TDR が低迷するとは考えにくい。

＜偽装請負とは何か＞

　偽装請負とは違法労働である。労働者にとって不利、使用者にとって安く労働力を得ることができる。偽装請負は労働者派遣法で守られる派遣労働よりも不利である。

　厚生労働省東京労働局によると、偽装請負とは書類上、形式的には請負(委託)契約なのに、実態として労働者派遣なので違法である。請負とは「労働の結果としての仕事の完成を目的とするもの」（民法）である。派遣と請負の違いは、発注者と受託者の労働者との間に指揮命令関係が生じないことである。労働者にとっては、使用者からではなく発注者から直接業務の指示や命令をされる場合、偽装請負の可能性が高い。偽装請負は労働者派遣法等に定められた派遣元(受託者)・派遣先(発注者)の様々な責任が曖昧になり、労働者の雇用や安全衛生面など基本的な労働条件が十分に確保されないケースが多い。

　偽装請負の代表的なパターンは、①代表型、②形式だけ責任者型、③使用者不明型、④一人請負型である。

①代表型：請負と言いながら、発注者が業務の細かい指示を労働者に出したり、出退勤・勤務時間の管理を行ったりする。偽装請負に多い。

②形式だけ責任者型：現場には形式的に責任者を置くが、その責任者は発注者の指示を個々の労働者に伝えるだけなので、発注者が指示をしているのと同じ実態である。単純な業務に多い。

③使用者不明型：業者Ａが業者Ｂに仕事を発注し、Ｂは別の業者Ｃに請けた仕事をそのまま出す。Ｃに雇用されている労働者がＡの現場に行って、ＡやＢの指示によって仕事をする。誰に雇われているのかよく分からないというパターンである。

④一人請負型：実態として、業者Ａから業者Ｂで働くように労働者を斡旋するが、Ｂはその労働者と労働契約は結ばず、個人事業主として請負契約を結び業務の指示、命令をして働かせるパターンである。

出典：厚生労働省　東京労働局「あなたの使用者は誰ですか？偽装請負ってナニ？」2016 年 8 月 26 日アクセス http://tokyo-

roudoukyoku.jsite.mhlw.go.jp/hourei_seido_tetsuzuki/roudousha_haken/001.html

＜参考文献＞

- Christensen, M. Clayton (1997) THE INNOVATOR'S DILEMMA, Harvard Business School Press. （クレイトン・クリステンセン（2001）『イノベーションのジレンマ（増補改訂版）』翔泳社）
- 中島　恵（2012）『テーマパーク産業の形成と発展－企業のテーマパーク事業多角化の経営学的研究－』三恵社

第6章　米ウォルト・ディズニー社のレイオフとストライキ
－二大経営者ウォルト・ディズニーとマイケル・アイズナーの思想比較－

1．はじめに

　本章では、アメリカのディズニー社のレイオフ（一時解雇）とストライキ（労働争議）という労働問題を考察する。第1に、具体的にいつどの部門で何人がレイオフされたのか、ストライキを起こしたのか時代を追って考察する。第2に、同社の二大経営者であるウォルト・ディズニーとマイケル・アイズナーの思想を比較し、従業員に対する考え方を明らかにする。従来の労働問題研究では、レイオフを行う経営者がどのような思想を持つのか単一ケーススタディがほとんど行われていない。

　なお、日本の東京ディズニーリゾートを経営する株式会社オリエンタルランドの労働組合は、1988年設立でゼンセン同盟（現UAゼンセン）に加盟するおとなしく従順な御用組合である。1960年の創業以来、一度もストライキは起こっていない。それについては「『夢と魔法の王国』の御用組合」に詳しい。

　日本と異なり、アメリカのディズニーランドではレイオフとストライキが起こっている。アメリカではディズニーランド内の一部で従業員がピケットラインを張り、偽物のミッキーマウス等の衣装を着て、レイオフ反対、給料上げろ等のプラカードを持って活動し、そこをディズニーランドの入場者が見て通り過ぎ、マスコミがその様子を報道する。アメリカのディズニー社のレイオフとストライキは、テーマパーク部門だけではなく、映画等の部門でも起こっている。

　日本では、「ディズニー＝ディズニーランド＝テーマパーク」であるが、アメリカでは「ディズニー＝映画会社＝ハリウッド」である。ディズニー社は映画事業を主軸に多分野に多角化した巨大メディア・コングロマリット企業である。ディズニー社は1991年にダウ・ジョーンズ30の一社に選出され、アメリカを代表する巨大優良企業となった。

2．ディズニー社の概要

　ディズニー社は正式名称、ウォルト・ディズニー・カンパニー（The Walt Disney Company）で、子会社と支社を含み、主要5部門を擁する。高度に多角化され、事業の国際展開を進め、ファミリー・エンターテイメント産業とメディア産業をリードする巨大企業である。主要5部門とは、①メディア・ネットワーク、②パーク＆リゾート、③スタジオ・エンターテイメント、④消費財（consumer products：ディズニーグッズ製造販売）、⑤対話型メ

ディア（interactive media）である[56]。アメリカのディズニー社はテーマパーク経営だけではなく、多種多様な事業を国際的に展開している。

　ディズニー社とその連結子会社で約16万6,000人の男性・女性が雇用され、約12万4,000人が米国内で、約4万2,000人が米国外で雇用されている。ディズニー社に雇用されているパートタイマー（アルバイト）は約2万6,000人である。米国内の非労働組合員は約5万2,000人で労働組合員は約7万2,000人である。ディズニー社が米国外すべての国における労働組合員の人数について入手する手段はなく、その組合員数に係る情報を提供することはできない[57]。

　ディズニー社の創業者はウォルト・ディズニー（1901−1966年）で、兄のロイ・ディズニー（1893−1971年）とともに起業した。ウォルトは最初アニメ映画監督で、数々のヒットアニメのコンテンツを用いてテーマパーク事業に多角化した。ウォルトは芸術家肌で創造的業務のリーダーとしてアニメーター達を鼓舞し、牽引した。兄ロイ・ディズニーは法務、財務、経理などを担当し、ビジネスマン達を束ねた。

①　メディア・ネットワーク部門

　放送、ケーブル、ラジオ、出版とテレビ局二社、ディズニー／ABCテレビグループとESPNテレビ局を通してのデジタル事業である。加えて、コンテンツ開発と流通機能を擁する。同部門は本社、デジタルメディア、流通、マーケティング、調査、販売グループを支援する。ディズニー／ABCテレビグループはディズニーグループの国際エンターテイメントとニュース・テレビ資産を保有し、テレビ局グループ、ラジオ、出版社を有する。このことはABCテレビ・ネットワーク、ABC所有のテレビ局グループ、ABCエンターテイメント・グループ、ディズニー・チャンネル・ワールドワイドを含み、ディズニー／ABC国内テレビとディズニー・メディア・ディストリビューションなどのABCファミリーも含む。ヒュペリオン出版とA&Eテレビ・ネットワークにおけるその持分はグループのメディア事業のポートフォリオを形成している。

---

[56] The Walt Disney Company HP「Company Overview」2013年5月9日アクセス
http://thewaltdisneycompany.com/about-disney/company-overview
[57] ザ・ウォルト・ディズニー・カンパニー有価証券報告書（平成23年10月2日−平成24年9月29日）47頁

② パーク&リゾート部門

　同部門は、1955年7月17日開業のディズニーランド（米カリフォルニア州アナハイム）の歴史とともにある。55年以上かけて、ウォルト・ディズニー・パークス&リゾーツ（Walt Disney Parks and Resorts：WDP&R）は家族旅行とレジャー経験で世界をリードする企業へと成長し、毎年数百万人の来場者に家族や友人と永遠に残る思い出を作る機会を提供してきた。WDP&Rの心臓部では、5つの世界規模のバケーションの行き先として11のテーマパークと43のリゾートが、北米、ヨーロッパ、アジアにある。現在上海ディズニーリゾートが建設中である。WDP&Rはディズニー・クルーズラインの4隻の豪華客船、「ディズニー・マジック」「ディズニー・ワンダー」「ディズニー・ドリーム」「ディズニー・ファンタジー」を有する。「ディズニー・バケーション・クラブ」は11の資産と50万以上の個人会員を有する。「アドベンチャー・バイ・ディズニー」は世界中のファミリー・バケーションの行き先を提供している。

③ スタジオ・エンターテイメント部門

　85年以上の歴史を有する。ウォルト・ディズニー・スタジオはディズニー社が設立された基金である。今日、当該スタジオは高品質な映画、音楽、演劇を世界中の消費者に提供している。「ディズニー」で流通しているのは、ウォルト・ディズニー・アニメーション・スタジオ、ピクサー・アニメーション・スタジオ、ディズニー・ネイチャー、マーベル・スタジオ、タッチストーン・ピクチャーズ、実写のドリームワークス・スタジオの作品である。ディズニー・ミュージック・グループはディズニー・ミュージック出版と同様にウォルト・ディズニー・レコードとハリウッド・レコードに関連がある。ディズニー演劇グループはディズニー・オン・ブロードウェイ（Disney on Broadway）、ディズニー・オン・アイス（Disney On Ice）、ディズニー・ライブ（Disney Live!）を含むライブイベントを認可している。

④ 消費財（ディズニーグッズ製造）部門

　その子会社はディズニー社の事業セグメントで、ディズニーブランドを衣服、玩具、家の内装、書籍、雑誌から食品、飲料、文房具、電子グッズ、絵画まで拡張している。フランチャイズを基盤としたライセンス企業で戦略的なブランド優先権を持つ以下の企業を通してこれらの製品ラインにまで拡張を遂げたのである。そのブランドとは、ディズニー・クラシック・キャラクターズ・アンド・ディズニー・ベイビー（Disney Classic Characters & Disney Baby）、ディズニー・ライブ・アクション・フィルム（Disney Live Action Film）、ディズニー・メデ

ィア・ネットワークス・アンド・ゲームズ（Disney Media Networks & Games）、ディズニー・アンド・ピクサー・アニメーション・スタジオ（Disney & Pixar Animation Studios）、ディズニー・プリンセス・アンド・ディズニー・フェアリーズ（Disney Princess & Disney Fairies）、マーベル（Marvel）である。同部門における他の事業は、ディズニー国際出版という世界最大の子供向け書籍と雑誌の出版社、米国内のオンラインのディズニーストア（www.DisneyStore.com）とイギリス国内のオンラインのディズニーストア（www.DisneyStore.co.uk）、ディズニー社の公式ネットショッピングのサイトである。1987年開業の小売チェーン、ディズニーストアは北米、ヨーロッパ、日本のディズニーに運営されている。

⑤　対話型メディア（Disney Interactive）部門

　同部門は 2008 年創業で、技術とイマジネーションの限界を超える製品で子供、家族、ファンを楽しませている。ディズニー・インタラクティブは、大ヒットしたモバイル機器、社会的かつ慰労的なゲーム、オンラインのヴァーチャル世界を含む全てのデジタル・メディア・プラットフォームを通して高品質の相互エンターテイメントを創造した。

3．ウォルト・ディズニー時代のストライキ

　ウォルトは 1901 年生まれで 1966 年に病死したため、ウォルト時代のディズニー社は近代家族経営企業であった。アメリカでは、労働組合の活発な活動とストライキは至極当然の労働者の権利である。ストライキの無い状況が常態化している現在の日本とは大きく異なる。

ウォルト・ディズニーのストライキ対応

　ウォルトがディズニーランドとイマジニアの構想を練っていた 1940 年代、予期せぬ事態に陥った。アニメーターやイマジニアなどの従業員にストライキされたのである。予想以上に従業員が真剣で、ウォルトは経営者として参ってしまった。ウォルトはイマジニアのオリー・ジョンストンに戦時中、「労働組合や株主や銀行家に私の邪魔はさせられない」と言った。ストーリーボード担当アニメーターのジョー・グランドによると、ストライキの前、ウォルトは平等かつ公正を目指すには、皆が団結すべきと考え、極端にリベラルであった（Green and Green, 1999, 邦訳 194 頁）。

　つまり、ウォルトは労働組合やストライキを行う従業員を「私の邪魔をするもの」と考えていて、身近な従業員にそう発言していたことが明らかになった。

イマジニアのオリー・ジョンストンによると、ストライキの２日目にストライキグループの中の馴染みの一人に向かい、親しげに何かを言い、「２日もすればあいつらは戻ってくる」と言った。ウォルトはまだ事態の深刻さとストライキを決行している従業員の真剣さに気づいていなかった。問題が起きると、イマジニアのマーク・デイビス等が名誉会員として労働組合に引っ張り出された。デイビスが組合の交渉員と会い、ウォルトに「いい人だから会って話すといい」と勧めると、ウォルトは「その交渉員と会うと、たぶんその人を好きになってしまう。だから会わない」と言った（Green and Green, 1999, 邦訳196頁）。

イマジニアのジョー・グランドによると、ストライキはスタジオ内に悪意を生み、ウォルトは以前と変わった。ウォルトなら反旗を翻して戦う従業員に対応したであろうが、彼らがその機会を与えず、ウォルトはすっかり憔悴した。それでもウォルトは回復し、ディズニーランドを建設したのである（Green and Green, 1999, 邦訳198頁）。

ディズニー社のビジネスモデルの成立過程と労働問題

ここでどのようにディズニー社のビジネスモデルが確立してきたのか、時代を追って考察する。その中でストライキ等の労働問題とそれに対するウォルトの考えを考察する。

ウォルト・ディズニーは1928年に「蒸気船ウィリー」（Steamboat Willie）というミッキーマウスのアニメで大成功した。1929年にミッキーマウスのぬいぐるみと食器の販売を持ちかけられ、販売したところ、大成功して、映画よりずっと利益率が高いことが発覚した。ウォルトは映画よりもグッズ販売の事業性を感じた。その後、「白雪姫」「バンビ」などヒットを連発し、豊富なキャラクター資源を有するようになった。

一方、ウォルト・ディズニーはアメリカ中西部の貧しい家庭に生まれ育った。アミューズメントパーク（乗り物を集めた中小規模の遊園地）に行きたかったが、貧しさから指を咥えて見ていた。大人になってからアミューズメントパークに行きたいと思うようになっていたと言われている。

時は流れ、1945年、第二次世界大戦の終戦でアメリカに平和が戻った。アメリカ本土はほとんど打撃を受けていなかった。兵隊の帰国が始まって、戦後の復興が始まり、ベビーブームが起こった。この時に生まれた第一次ベビーブーマーが後にディズニーファンのボリュームゾーンとなった（その一人がジョージ・ルーカス監督）。第二次世界大戦中は赤字続きであったが、1948年、ディズニー社が7年ぶりに映画の興行収入の黒字を計上した。ウォルトはその資金をもとにテーマパーク事業に多角化しようとした。しかしそれだけでは資金が足りなかったため、ニューヨークに出向き、銀行マンを相手にプレゼンテーションを行い、融資を受けた。

そのプレゼンの2日前、ディズニー・スタジオ（映画会社）のアニメーター二人を呼び出し、二人に説明し、大きいディズニーランドの見取り図を描いてもらった。その結果、ディズニー社ではどんなプレゼンも48時間で準備できると考えられるようになった。ディズニー社では、総じて仕事能力の高い人材が求められる。

　銀行融資だけではディズニーランド建設資金が圧倒的に足りなかった。そこでウォルトはアトラクション一つにつき一企業にスポンサーになってもらうことを思いついた。アトラクションに社名を入れる。乗り物に有名企業がスポンサーになることで、ディズニー社の負担を軽減する。これはウォルトのイノベーションであった。スポンサー企業の役員等へのサービスとして、園内に特別な高級レストラン「クラブ33」を設け、接待してご馳走する。スポンサー企業の一般社員には、会社一括購入による割引価格で入場券を発売する。

　ディズニーランドでは一つのアニメを一つのアトラクションとする。ディズニーランド以前の乗り物と大きく異なるのは、物理的な刺激のみを体験してもらうのではなく、最初にストーリーがあることと、ストーリーを元に映画制作の方法と技術を用いて制作していくことにある。イマジニアは芸術家タイプと技術者タイプに大別される。芸術家タイプのイマジニアがストーリーを考え、絵に描き、立体模型を創る。それを見た技術者タイプのイマジニアが設計し、建設する。アトラクションの建物はビルの形の変形である。これは建築士の仕事である。内装には舞台芸術の技術を駆使している。歌って踊る人形は、ウォルトの造語でオーディオ・アニマトロニクス（オーディオ・アニメーション・エレクトロニック・コントロールズ）という。細部までこだわってリアルな肌、表情、関節の動きを実現する。乗り物のボート、船、飛行機などを設計し、試乗、改良を重ねて完成品にする。ディズニーランドの立地に応じて火薬の量や避難経路など消防法を確認する。安全第一である。

　最初に小さく作り、集客状況や売上高によってアトラクションを追加していく。不人気のアトラクションを廃止し、その場所に新アトラクションを創る。各アトラクションは必ず定期点検を行い安全第一とする（中島，2013，第2章）。

　リピーターを呼ぶために、アトラクション、ショー、パレードを追加する。ショーやパレードは季節イベントとする。例えば、「ホーンテッド・マンション」のクリスマスバージョンに「ナイトメア・ビフォア・クリスマス」のキャラクターを登場させるなど、季節限定も効果的である。

　最初にアニメや実写映画をディズニー社の映画部門で制作する。映画興行から数年後にアトラクションとしてテーマパークに導入する。ウォルト・ディズニーが最初に声をかけて引き抜いたイマジニアは、アニメーターや実写映画の舞台道具等の制作者であった。しかし技術者は

どのような人なのか、どうスカウトしてきたのか、前職は何だったのか公表されていない。技術者の名前や前職を公開すると、アトラクション開発という中核能力が流出するため、社外秘としていると推測できる。

ウォルト・ディズニーの資本主義と国粋の精神

　このビジネスモデルから分かるように、ウォルト・ディズニーはアニメ映画で成功し、得た資金を浪費せずに貯め、まとまった資金を次の事業に投資し、事業を拡張してきた。続いて、テーマパーク事業で得た資金を貯め、まとまった金額を再投資して事業を拡張してきた。つまりウォルトは『プロテスタンティズムの倫理と資本主義の精神』（Weber, 1905）の持ち主である。社会学者のWeber（ウェーバー）によると、欧米のプロテスタントの国家で経済が発展した理由は、のんびり働くカトリックと異なり、プロテスタントが熱心な信仰を勤労に置き換え、仕事に邁進したからである。そこでは浪費が禁止され（これが禁欲）、慎ましい生活をしながら、貯めた資金を大きく投資して事業を拡大し、社会に富をもたらす。ウォルトはアイルランド系で、宗教はプロテスタントである。1901年生まれのアメリカ人であれば、現在の日本人と異なり、宗教の影響は人生観や職業観に強い影響を与えている。したがって、ディズニー社も創業以来、「プロテスタンティズムの倫理と資本主義の精神」の社風と推測できる。のんびり働くカトリックの文化ではない。資本家であるディズニー兄弟が勤勉な労働者を雇用し、禁欲主義で、目的達成のために全エネルギーを注ぐ組織文化であった。ここでいう禁欲とは、金銭欲に対する禁止である。ウォルトは成功後も、現在のいわゆるセレブのような暮らしを、つまり浪費をすることなく、従業員の給与水準も低いままに保っていた。

　ウォルトの死後、ディズニー社は低迷し、1984年、ついに買収の危機にさらされ、パラマウント映画から敏腕映画プロデューサーのマイケル・アイズナーを会長兼CEOに迎えた。アイズナーが改革を始めた1984年当時、ディズニー社の給与水準はハリウッドで伝説的に安く、有能な人は来ない、どこにも雇用されない人材のたまり場と言われていた。それをアイズナーが1980年代のアメリカの大企業らしい給与水準に改革した。これをウォルトが知ったら怒るだろうと言われていた（Grover, 1991, 邦訳78-79頁）。

　なお、ウォルト・ディズニーはプロテスタントのキリスト教徒であるが、それほど信仰深くない。アニメ作品にも宗教、特にプロテスタンティズムは登場しない。20世紀のアメリカ人らしく、ウォルトの信仰の精神は、勤労に置き換わったようである。

　ウォルトの長女ダイアン（1933年―）によると、若い頃のウォルトは非常に敬虔で信心深かった。ウォルトの父が厳格な教会の助祭をしていたことがあったため、ウォルトは敬虔なプロ

テスタントの家庭で育った。しかしウォルトが敬虔だったのは若い頃までで、長女ダイアンはウォルトが教会に行くのを一度も見たことが無い（Green and Green, 1999, 邦訳142頁）。キリスト教徒は、信仰熱心な人ほど頻繁に教会に通い、祈りを捧げる。

ウォルトと兄ロイ・ディズニーの思想や信条は、共和党で国粋、保守である。ディズニー兄弟は1950年代、リチャード・ニクソンらレッドパージ（赤狩り：国家権力が共産主義者を弾圧すること）の実行者に資金を出して活動を支援した。兄ロイ・ディズニーは共和党候補者に寄付を続けた。売却して資金を作れるように自社株を贈ることも多かった。1971年にロイ・ディズニーはビバリー・ウィルシャー・ホテル（ビバリーヒルズの最高級ホテルで映画『プリティ・ウーマン』の舞台）での「ニクソン大統領に敬礼」の夕食会で、テーブル席の代金として5,000ドル相当の株式を寄付した（Thomas, 1998, 邦訳339頁）。つまり1950年代以降、ディズニー兄弟は財界の名士となり、政財界の名士のパーティ等に出席するようになっていた。

ここから分かるように、ウォルト・ディズニーが優しいのは作品の内容であり、企業経営者としてステイクホルダー（利害関係者：従業員、株主、取引相手、顧客、地域住民等）に対して優しくはなかった。ただし家族全員を心から愛していたようである。

4．アイズナー時代のディズニー社でのレイオフとストライキ

ウォルトの死後、ディズニー社は創造性とリーダーシップを失って業績低迷、買収の危機のニュースがアメリカを賑わせていた。そこで1984年にパラマウント映画から敏腕映画プロデューサーのマイケル・アイズナーを会長兼CEOに迎えた。アイズナーは徹底的に改革し、低給与でのんびりした社風を廃し、能力の高い人材を高給で雇用する激しい社風に変えた。本節でアイズナー時代以降のストライキの歴史を考察する。

なお、アメリカを含め、日本以外の国では労働組合が活発に活動しており、給与アップと労働時間短縮など労働条件改善を求めて活動している。経営陣と労働組合の交渉が決裂すると、労働組合はストライキを行う。アメリカではこれが当たり前であるため、アメリカのディズニー社の従業員が特別過激なのではない。現在の日本ではストライキはほぼ皆無であるため、日本人は驚くが、世界的にストライキは頻繁に行われている。

賃金カットでストライキ発生

1984年9月25日、米カリフォルニア州アナハイムのディズニーランドで1,884人の従業員によるストライキが始まり、3週間続けられた。会社との労働協約改定交渉が決裂したためであった。ディズニーランドの従業員がストライキに突入したのは14年振りであった。ディズニー

ランドの営業は平常通り行われ、プラカードを掲げた従業員がピケットラインを張る中を一般の来場者が通っていく。周辺のホテルはストライキを嫌った客が控えたため、客離れが起こった。ディズニー社は9月初め、入場者の頭打ちなどを理由に16%の賃金カットを提示したが、景気回復に沸くアメリカの産業界の実態を目のあたりにした労働組合は猛反発した。ディズニーランドで3週間もストライキが行われたことで「最も幸せな場所」 (The Happiest Place)のイメージが崩れた[58]。

イマジニアリング社の人員削減

1992年7月、ディズニー社は同年8月末までに子会社ウォルト・ディズニー・イマジニアリング社（イマジニアリング社）の社員300−400人を削減すると発表した。大型事業だった仏ユーロディズニーランドの完成に伴う処置であった。アイズナーが会長兼CEOに就任した1984年以来、初の人員削減となった。ディズニー社は1990年代を「ディズニーの10年」と名付け、カリフォルニア州アナハイムのディズニーランドやフロリダ州オーランドのディズニーワールドなどで大掛かりな拡張計画を発表したが、景気後退などの影響で建設計画が予定より遅れていると見られていた。4−6月の純利益は前年同期比33%の大幅増を記録したものの、経費削減を徹底することで増益基調を維持したいとした[59]。

子会社のイマジニアリング社は、ディズニーランドのアトラクションやショーやパレードの研究開発と建設を行う企業である。1992年にパリ郊外にユーロディズニーランドを開業し、それまで大勢必要だったイマジニアリング社の従業員をこのとき削減したのである。その後もディズニーランドの国際展開を続けている理由の一つが、イマジニアリング社の従業員の雇用の維持と言われている。

テレビ局ABC買収も人員削減なし

1995年8月、アイズナー会長兼CEOはアメリカ三大ネットワークの一社、キャピタルシティーズABCを買収することで合意した。アイズナーはニューヨーク市内でトーマス・マーフィーABC会長と共同会見した。そこでアイズナーは、買収後の資産売却や人員削減は考えていな

---

[58] 1984/10/05 日本経済新聞　夕刊3頁「危うし、ディズニー王国——株集め、ストに揺らぐ（ニュースの周辺）」
[59] 1992/07/31 日本経済新聞　夕刊5頁「ディズニー、300-400人削減——設計関係者、来月中旬メド。」

いと発表した。190億ドルの買収資金を調達するためABCの資産を切り売りする考えも無いと強調した[60]。つまりABC買収資金のために人員削減を行わなかった。

ハリウッドビッグ6のリストラクチャリング

ディズニー社のみならず、ハリウッドの映画会社は1990年代後半に大規模なリストラクチャリングを実施した。当時のアメリカは金融バブルとITバブルが同時に来て、空前の好景気に沸いていた。通常企業は高業績を上げている時にこそ改革やリストラクチャリングを行う。

アメリカの映画制作大手6社をハリウッドビッグ6という。ディズニー社、パラマウント、20世紀FOX、ワーナー・ブラザース、ユニバーサル、ソニー・ピクチャーズである。

1997年7月、ハリウッドの映画各社が不採算部門売却、人員削減などのリストラクチャリングを進めていた。収益を上げていた事業でも長期戦略に関係なければ売却対象にした。マルチメディア需要を背景に各社の決算は好調であったが、映画制作費の高騰など収益力に陰りが出ていた。業績が良い時期に周辺部門を整理し、経営資源を中核事業に集中することでコスト管理が甘い従来の経営体質を改善することがリストラクチャリングの目的であった。ユニバーサル（旧MCA）は映画制作部門を中心に115人の従業員をレイオフ（一時解雇）した。ユニバーサルは年間1億ドル（約100億円）の経費削減を目標に掲げ、同年5月には系列音楽会社MCAレコーズで従業員の10%を減らした。松下電器産業（ハリウッドの映画会社MCAをバブル期の1991年に買収したが、1995年に売却）からシーグラムの傘下に移った1995年以降、コスト管理は厳しくなっていった。ディズニー社は新メディア開発のディズニー・インタラクティブの従業員の約20%に相当する90人をレイオフした。自社開発はコストがかかりすぎるとして、CD-ROM事業に見切りをつけ、外部への委託開発に移行させた。同じ理由でワーナー・ブラザースもデジタル映像処理子会社ワーナー・デジタル・スタジオズを同年7月末に清算し、同事業から撤退した。ワーナー・ブラザースの親会社タイム・ワーナーは法律出版子会社アメリカン・ロイヤー・メディアを売却した。ディズニー社は系列雑誌社インスティチューショナル・インベスターを売却した。いずれも出版業界では強いブランド力を持つ会社で、この頃黒字事業であったが、グループの事業展開に不必要と判断した。他方、ディズニー社は主力のアニメ部門で大幅な人員増強を図っていた。つまり事業の選別が厳しくなっていた。ハリウッド各社の事業分野は数年で急速に膨張した。ディズニー社のABC買収、タイム・ワーナーのTBS買収にみられるように映画、音楽、テーマパークからテレビ、出版まで広く多角化し

---

[60] 1995/08/01 日本経済新聞　夕刊3頁「資産売却考えず、ディズニー、ABC買収で。」

た。エンターテイメント産業はアメリカの好況を支える一つの柱で、世界のエンターテイメント市場拡大を背景に各社の業績は伸びていた。しかし本業の映画制作費が1本平均3,900万ドル（約4億円）と3年で35%も増えるなど映画制作やテーマパーク建設、企業買収の投資負担も膨らんだ。1996年に「インディペンデンス・デー」で空前の業績を上げた20世紀FOXも、映画制作費に歯止めをかけるためコスト管理の専門チームを発足させた。余剰人員を抱えながら、映画制作や俳優の出演料に巨額資金投入を当然とする映画業界特有の経営は成立しにくくなっていた[61]。

1999年7月、ディズニー社は広範囲なリストラクチャリングに着手した。特に売上高が落ちていたホームビデオ部門、コスト削減が課題の放送部門、ディズニーストアなど海外部門を中心に再編するとした。ディズニー社は1999年1－3月期まで四四半期連続の減益となった。ABCやインターネット検索大手インフォシークなど大規模な買収を重ねてきたが、当面コスト削減と組織再編に力を入れるとした。ホームビデオ部門の人員を100－200人規模で削減、年間3,000万ドル規模の削減を実施する。ディズニー社の事業のうち、ホームビデオを含むクリエイティブ・コンテンツ部門は1999年1－3月の純利益が前年同期比52%減益した。ABCなど放送部門もスポーツ番組の契約料や調達コストの高騰で収益が圧迫されていた。再編の詳細は不明だが、関係者によると、ABCとディズニー本体の人事や法務、情報システムなど間接部門を統合する案であった[62]。

ITバブル崩壊後の人員削減実施

2001年3月、ディズニー社は全従業員（約12万人）の約3%にあたる4,000人を削減すると発表した。世界的な景気減速に対応するためとした。本社部門を含めた広範囲な人員削減はこれが初めてであった。人員削減計画はアイズナー会長兼CEOとアイガー社長兼COOの連名のeメールで全社員に通知された。同年4月末までに希望退職を募集し、目標に達しない場合はレイオフに踏み切り、同年7月までに完了する計画であった[63]。

これを発表した翌日午前のニューヨーク株式市場で、ダウ工業株30種平均は4営業日ぶりに反落し、前日比の下げ幅は一時220ドルに達した。ディズニー社の4,000人削減などを受けて

---

[61] 1997/07/27 日本経済新聞 朝刊5頁「好調ハリウッド、リストラ競演——中核事業に集中、周辺部門、黒字でも売却。」
[62] 1999/07/05 日本経済新聞 夕刊3頁「ディズニー、大規模リストラ——放送・ビデオ部門再編へ。」
[63] 2001/03/28 日本経済新聞 夕刊3頁「ディズニー、4000人を削減。」

幅広い銘柄で売りが膨らんだ[64]。ディズニー社はダウ・ジョーンズ30の一社だから、このように市場が強く反応する。

2001年6月、ディズニー社は約1,000人のレイオフに踏み切った。世界的な景気減速を受け、全従業員（約12万人）の約3%にあたる4,000人の削減を進めていたが、希望退職者が3,000人程度にとどまったためである。レイオフ対象部門は明らかにしていなかったが、8日付のロサンゼルス・タイムズ紙によると、米国内の2つのテーマパークとアニメーション部門が中心になる見通しであった[65]。

2000年頃をピークにした世界的ITバブルは2001年初頭に崩壊し、IT産業が盛況であった国（特にアメリカ）ほどITバブル崩壊の影響を受け、景気が減速した。そこでディズニー社はこのタイミングで大幅なリストラクチャリング（事業再構築）と4,000人のレイオフを実施したのであった。

同時多発テロ後の不況でレイオフ

2001年11月、ディズニー社の業績が急速に悪化し、2001年7-9月期決算は、売上高が前年同期比5%減、純利益は同68%減少となった。米国景気の減速と同時多発テロが収益の二本柱のテレビ部門とテーマパーク部門を直撃した。2001年7-9月期の売上高は58億1,200万ドル、純利益5,300万ドル、一株利益も3セントと前年同期を8セント下回った。営業利益は6億2,700万ドルで前年同期比31%減、部門別でパーク＆リゾート部門（テーマパークとホテル等）が、同13%減の3億1,300万ドルと最大の落ち込みを記録した。放送関連のメディア・ネットワークス部門も、ABCの視聴率低迷と広告収入の落ち込みが響き、同12%減の3億4,800万ドルだった。集客力が高く、本来強みとなるはずのテーマパークがテロによる観光需要の減退でマイナス要因となった。当時既にフロリダ州のディズニー・ワールドで従業員のレイオフや労働時間の短縮を実施していた。ディズニーランド（カリフォルニア州アナハイム）で、繁忙期としては異例の地元住民向け大幅割引を12月半ばまで展開するなど懸命の対策を打っていた。しかしトム・スタッグス最高財務責任者によると、前年同期に比べ来場者数はディズニー・ワールド（フロリダ州オーランド）で25%減、ディズニーランドで10%近い減少となった[66]。

---

[64] 2001/03/29 日本経済新聞　朝刊1頁「NYダウ反落、一時220ドル下げ。」
[65] 2001/06/10 日本経済新聞　朝刊5頁「ディズニー、1000人一時解雇。」
[66] 2001/11/09 日本経済新聞　夕刊3頁「米ディズニー、7-9月期、68%減益——景気減速・テロ打撃。」

ハリウッドの脚本家のストライキ

　2007年11月、ディズニー社だけではなく、ハリウッドとNYのブロードウェー（舞台・ミュージカルの本場）で脚本家や舞台係らの裏方が相次ぎストライキを決行した。分配を巡る不公平は富の格差へとつながったとして、脚本家たちは19年ぶりのストライキに踏み切った。映画の公開延期など影響が広がって、長引けば収益に大きな打撃となる。太鼓のリズムに合わせて発するシュプレヒコールが観光客で賑わうハリウッド大通りにこだました。米脚本家組合
（WGA）がハリウッドとメディア企業の本社が集まるニューヨークで大規模なデモ行進をし、訴えた。パラマウント映画の脚本を執筆するトニー・ジャスウィンスキー氏（36）はニューヨークのソニー米国本社前のデモに参加し、「脚本家の年収はわずか5万2,000ドル（約570万円）。家族を十分に養えない」と話した。最大の対立点は、成長著しいインターネット配信による収入をどう分配するかであった。WGAは作品がストリーミング方式でダウンロードされた際、脚本家に売上額の数%の報酬が自動的に入るようにするなどネット配当を強く要求した。しかしディズニー社は、ネット事業は軌道に乗っていないとして配当を最低限に抑えたい意向であった。合意の糸口が見えないままストライキの影響は拡大し、テレビの三大ネットワーク（ABC, CBS, NBC）は軒並み人気番組の制作中止に追い込まれた。CBS、NBCは深夜のトーク番組を脚本切れのため再放送に変更した。ディズニー傘下のABCテレビは2004年以降のディズニー社の株価回復を牽引した人気ドラマ「デスパレートな妻たち」が脚本家不在で制作中断を余儀なくされた。制作期間が長く、脚本の在庫もたっぷりあるのでストライキがよほど長引かない限り影響はないとされた映画にも余波が及んだ。ブロードウェイのミュージカルは舞台係の労働組合が10日からストライキに入り、「マンマ・ミーア！」など人気作が休演した。ブロードウェイの一日あたり損失額は200万ドルとも1,700万ドルとも言われた。11月のサンクスギビングデー（感謝祭）休暇やクリスマス休暇の稼ぎ時に休演になれば、会社経営への打撃は深刻となる。「オズの魔法使い」に隠された物語を描いた人気ミュージカル「ウィキッド」の中堅舞台装置係は、行列が消えた劇場前で観光客らにストライキのビラを配って「経営者やプロデューサー、舞台俳優だけでは上演できない。観光客に迷惑をかけるが、そこを理解してほしい」と訴えた[67]。

　同年12月になると、WGAの大規模ストライキが長期化し、8週目に突入していた。11月5日に始まったストライキが越年すれば、22週続いた前回1988年のストライキ並みに長期化する可能性があった。1988年のストライキは業界に推定5億ドルの損害をもたらした。ストライ

---

[67] 2007/11/26 日経産業新聞24頁「ハリウッド・ブロードウェーでスト、「夢の都」に米の断層投影──所得格差嘆き。」

キの影響を最も受けていたのが、1万2,000人いる組合脚本家への依存度が高いテレビの三大ネットワークで、深夜の人気トーク番組が過去の放映分の再放送に代え、人気ドラマの制作を中断し、年明けにはこうしたドラマの多くが打ち切りになる見通しとなった。映画ではソニー・ピクチャーズの大作「天使と悪魔」の公開が、当初予定の2008年12月から2009年5月に延期された。ストライキで脚本が仕上がらず、計画していた年明け早々の撮影開始が困難になったためである。ベトナム戦争が題材のオリバー・ストーン監督の話題作「ピンクビル」など数本も公開延期になった[68]。その後、年明けの2月中旬までこのストライキが続いた[69]。

その半年後の2008年5月、ディズニー社の1-3月期決算はテーマパーク事業の好調を受け、売上高が前年同期比10%増の87億1,000万ドル、純利益同22%増の11億3,000万ドルとなった。ディズニー社は「お金のかかる遠距離旅行を避け、安上がりな近場のテーマパークで休みを過ごす消費者が増えた」と分析した。つまりディズニー社は景気減速の思わぬ恩恵を受けた。ドル安を受けた欧州などからの観光客の増加も貢献した。主力のテレビ部門はケーブルテレビの契約増や広告収入増が貢献して営業利益が14%増となった。脚本家組合のストライキで人気テレビドラマが放映中断に追い込まれた影響は軽微にとどまった[70]。

テーマパーク部門で1,200人レイオフ

2009年4月、ディズニー社は米国内のテーマパーク部門で約1,200人の従業員をレイオフしたと発表した。同部門に携わる正社員の11%に相当する。アメリカの消費者の間で旅行を手控える動きが広がり、集客力が低迷した。このためテーマパークで間接部門の集約など合理化を進め、この人員削減もその一環であった[71]。

この時、日経新聞で「正社員」と報道されたが、おそらく日本の終身雇用の正社員ではなく、フルタイマーを指しているだろう。日本以外の国では、正社員の解雇は合法である。日本は、正社員の不当解雇が労働法で禁じられている珍しい国である。

5．ディズニー社の二大経営者の思想比較

ここまでディズニー社でのレイオフとストライキを考察してきた。ここからディズニー社の二大経営者の思想を比較する。思想に影響したであろう要因も合わせて考察する。

---

[68] 2007/12/25 日本経済新聞　夕刊16頁「米脚本家スト8週目突入、TV・映画に打撃──大作公開、延期に、人気番組が中止。」
[69] 2008/05/08 日経産業新聞4頁「ディズニー増益、1-3月22%、テーマパーク好調。」
[70] 2008/05/08 日経産業新聞4頁「ディズニー増益、1-3月22%、テーマパーク好調。」
[71] 2009/04/05 日本経済新聞　朝刊5頁「米ウォルト・ディズニー、1200人を一時解雇。」

創業者のウォルト・ディズニーは1901年12月にシカゴ郊外の貧しい家庭に生まれた。貧しいながらも愛情のある幸せな家庭で育った。子供の頃から仕事をして家計を助けた。ウォルトが13歳の時、第一次世界大戦がヨーロッパで勃発し、アメリカも参戦した。この時米国内でナショナリズムが高揚し、多感な少年ウォルトは国粋主義に目覚めた。そして17歳で高校を中退して軍隊に志願した。しかし当時のアメリカ軍は18歳以上でなければ、兵士になれなかったため、ウォルトはフランス等で後方支援（トラック輸送）を行った。

　第一次世界大戦後、ウォルトは20歳代前半で映画制作スタジオを開業したが、最初の会社はすぐに倒産した。あきらめずに起業した二社目が現在も続くディズニー社である。ウォルトは宗教的には、若い頃敬虔なプロテスタントであったが、年とともに信仰心を勤労に変えていったようである。ウォルトが非常に勤勉で仕事中毒であるにもかかわらず、1940年代にアニメーターたちにストライキを起こされた。ストライキを行う労働者と労働組合を「私の邪魔をするもの」と考えていた。ストライキ以降、ウォルトは保守、反共産主義を強めた。映画とディズニーランドを大成功させると、ディズニー兄弟はセレブや財界人の仲間入りをした。そこでレッドパージ（共産主義者の弾圧）に資金提供した。それほど共産主義の増強とストライキを阻止したかったのである。ウォルト時代のディズニー社は近代家族経営の企業で、友情、血縁、縁故を重視していた。ウォルトという芸術家の夢を実現するためにディズニー社があった。従業員は「芸術家ウォルトの夢を一緒に叶える仲間たち」であった。

　ウォルトは非常に顧客志向でホスピタリティ志向であった。例えば、ディズニーランドの入場者を顧客（カスタマー）ではなく、招待された客（ゲスト）と捉えている。アメリカでは自宅に重要な人を呼んでホームパーティを行ってもてなす。ホームパーティ主催者を英語でホスト・ホステスと言う。ディズニーランドの従業員はホスト・ホステスであるが、日本にこのシステムを導入した時、キャスト（サービスを演出する舞台俳優）に変更した。その後アメリカでもキャストに変更した。ウォルトは「全てのゲストにハピネス（幸せ）を提供することがディズニーランドの使命です」「お客様の喜ぶ顔が私たちディズニーランドの商品です」という考えをまとめ、ディズニー・フィロソフィーとして全従業員の精神面の育成を行った（中島,2013, 第3章）。

　ウォルトは1966年12月に病死し、共同経営者の兄ロイ・ディズニーも1971年に死去した。その後、ディズニー社は創造性とリーダーシップを失って失速した。1984年には経営危機でパラマウント映画から敏腕映画プロデューサーのマイケル・アイズナーをヘッドハンティングして会長兼CEOに据えた。このアイズナーがディズニー社を改革し、1991年にダウ・ジョーンズ30（アメリカを代表する巨大優良企業30社）に選出されるほどの巨大優良企業に成長

させた。そしてアメリカ三大ネットワークの一社のABC（テレビ局）を買収し、巨大メディア・コングロマリットとなった。

　これだけのことをやってのけ、21年間会長兼CEOでい続けたアイズナーはどのような思想だったのであろうか。アイズナーは大きい差がつくことを強く望む資本主義で、他社との契約に際して不平等条約を強引に押し付け、ディズニー社が儲かるように工夫を凝らした。換言すると、商才溢れるユダヤ人ビジネスマンである。アイズナーの父、祖父、親戚に製造業等で大成功しているビジネスマンが何人かいる。ただし映画やテーマパークでの成功は、家族・親戚のコネは関係ない。

　アイズナーは節約家の祖父の教えで、決して浪費しない人であった。有名俳優や有名監督のギャラ高騰で映画の利益を吹き飛ばす。その対策として、実力ある若手と落ち目の有名俳優を起用した。例えば、大ヒット映画『プリティウーマン』の主役は、落ち目の俳優リチャード・ギアと新人女優のジュリア・ロバーツを起用した。アイズナーは就任してすぐに人事改革を行い、希望退職を募り、のんびりした働き方を望む従業員を解雇した。アイズナーはウォルト時代からの「この人だけは解雇しないで」というリストを無視して人員削減した。1980年代以降のアメリカ企業らしく、徹底した能力主義で、雇用に友情や縁故を考慮しなくした。その代り、有能人材に巨額報酬を支払うようにした。これでディズニー社はどこにも雇われない無能人材のたまり場から有能人材の宝庫へと刷新された。これを「アイズナー改革」と前稿（2014）で定義した。アイズナーは徹底したコスト管理で無駄を省き、他社との契約にはディズニー社の利益が上がるよう交渉した。これによって、ディズニー社の社風はアメリカ型資本主義の権化となった。アイズナーが改革した結果もたらされたこのようなディズニー社の社風を「アメリカ型資本主義の権化」と前稿（2014）で定義した。アイズナー自身もアメリカ型資本主義の権化である。

　アメリカ型資本主義とは、マッキンゼーや他の金融機関に代表される「アップ・オア・アウト」（Up or Out?）の社風である。アップ・オア・アウトとは、業績アップか退出（アウト＝会社を辞める）かの二択で、現状維持や業績低下で社内に居座ることを禁じた極端な資本主義政策である。現にアイズナーも業績不振で株主総会で解任されてディズニー社を去っている。この社風で勝てる人材だけが、業績に応じた高額報酬を手にする。その結果、アメリカの人口の1%がアメリカの富の99%を所有し、残りの99%の人口が富の1%を所有している。アメリカの経済力は豊富な資源よりも、この極端な資本主義と徹底した能力主義によるところが大きいだろう。

アイズナーは顧客志向やホスピタリティ志向ではない。アイズナーの著書（1998）で繰り返し出てくるセリフは、株主への責任を果たすことと株価の心配である。アイズナーは常時株価とウォールストリートを気にしている。ウォールストリートには株主、機関投資家、アナリストが含まれる。業績が悪いと何度もアナリストに買い推奨とされた。アイズナーは現代アメリカ企業の経営者らしく、株主志向、ウォールストリート志向である。しかしながら、後に株価低迷により、アイズナーは株主総会で解任されることとなった。アメリカでは経営者よりも株主総会の決定の方が強い。

このように、ディズニー社の二大経営者は、どちらも従業員志向ではないことが明らかになった。ウォルトは顧客志向・ホスピタリティ志向、アイズナーは株主志向・ウォールストリート志向である。

アイズナーの年収は不明であるため、アイズナーの後継者で現会長兼 CEO のロバート・アイガーの年俸を示す。ロバート・アイガー会長兼 CEO の給与は、2010 年に 200 万ドル（約 2 億円）、2011 年に 200 万ドル、2012 年に 250 万ドル（約 2.5 億円）である。それ以外に、2012 年の株式報奨は 953 万 2,500 ドル（約 10 億円）、オプション報奨 775 万 8 ドル（約 8 億円）、非持株インセンティブ・プラン報酬 1,652 万ドル（約 17 億円）、年金価値及び税制非適格繰延べ報酬所得の変化 312 万 4,640 ドル（約 3.2 億円）、その他全ての報酬 80 万 700 ドル（約 8,000 万円）である。総額 4,022 万 7,848 ドル（約 40 億円）である[72]。ただしこれは手取りではない。ここから税金等を引かれる。手取り額は公表されていない。

ディズニー社の会長兼 CEO の年収は業績によって変動するが、それほど業績が悪くなければ 40 億円程度と推測できる。アイズナー時代の好業績の年は、アイズナーの年収はもっと多かったのではないか。アイズナーは大学卒業後、テレビ局のアシスタントとして働きながら、プロデューサーに上り詰め、次に映画プロデューサーとしてヒット作を飛ばし、敏腕プロデューサーとしてディズニー社にスカウトされるに至った。生まれながらに用意されたエリート街道を歩んだ人生ではない。努力と工夫と才能で底辺（アシスタント）から頂点まで上り詰めた。

---

[72] ザ・ウォルト・ディズニー・カンパニー有価証券報告書（平成 23 年 10 月 2 日―平成 24 年 9 月 29 日）110-111 頁

表1：ディズニー社の二大経営者

経営者	ウォルト・ディズニー	マイケル・アイズナー
	創業者	中興の祖
生年	1901－1966年	1942年－
トップ在籍期間	1923－1966年（43年間）	1984－2005年（21年間）
本業	アニメーター、アニメ映画監督	実写映画プロデューサー
宗教	プロテスタント	ユダヤ教（ユダヤ人）
思想	国粋、右派、保守、反共産主義、レッドパージ(赤狩り)に資金提供	大きな差がつくことを強く望む資本主義
学歴	高校中退	デノン大学、英文、演劇専攻
戦争経験	第一次世界大戦：フランスで後方支援 第二次世界大戦：米政府の命令でプロパガンダ映画制作（内容：反ナチス）	第二次世界大戦：ほぼ影響無し（欧州の親戚17名がナチスに殺害された） ベトナム戦争：出征するはずが体調不良で兵役免除。大学生活と社会人生活初期
出身地	シカゴ郊外	ニューヨークの最高級住宅地アッパーイーストサイドの高級アパートメント
親の経済状態	貧困	大富豪のユダヤ人ビジネスマン
志向	顧客志向、ホスピタリティ志向	株主志向、ウォールストリート志向
経費に対する考え	いい作品のために巨額の費用	節約志向
給与、ギャラに対する考え	節約、低賃金 → ウォルトの死後どこにも雇われない無能人材のたまり場	若手と落ち目の有名俳優起用でギャラ節約、有能なトップに巨額報酬
雇用と要職登用	家族、縁故、友情を重視	徹底した能力主義、採算性重視
企業形態	近代家族経営企業	現代アメリカ型巨大企業
社風	芸術家ウォルトの夢を叶える仲間達	アメリカ型資本主義の権化
退陣理由	肺癌で死去	株価低迷により株主総会で解任

6．まとめ

　本章では、アメリカのディズニー社のレイオフとストライキという労働問題を考察した。同社のレイオフとストライキの具体的な歴史を考察し、同社の二大経営者ウォルト・ディズニーとマイケル・アイズナーの思想を比較し、従業員に対する考え方を明らかにした。

ストライキを起こした人は、テーマパークの従業員、映画とブロードウェイミュージカルの脚本家であった。

　レイオフされたのは、不振のテーマパーク部門の従業員、特にテーマパークの間接部門の集約のためであった。

　ディズニー社はウォルトが1923年に貧困の中で設立し、苦労して育ててきた企業である。1940年代後半に初めてストライキを起こされた。ウォルトはそれほど深刻に考えていなかったが、予想以上にアニメーター達がストライキに真剣で、ウォルトは精神的に参ってしまった。この経験からウォルトは保守、反共産主義を強めた。1940年代後半、ウォルトはディズニーランドという前人未到の大規模テーマパークの創造に向けて誰にも止められない勢いで邁進していた。その時にストライキを起こされ、別の従業員に「誰にも邪魔させない」と言った。ウォルトは労働者の権利に関心が低かった。ウォルトは自分の夢を叶えるべく従業員の意識を統一し、牽引していく力強いリーダーであった。ウォルトの作風と異なり、本人は優しいわけではなく、硬質な精神と強い向上心の持ち主であった。

　中興の祖アイズナーは、パラマウント映画で敏腕映画プロデューサーとして大活躍したためディズニー社にヘッドハンティングされた。生き馬の目を抜くハリウッドで勝つだけあって、向上心と野心の塊である。アイズナーは著書（1998）に「朝起きると、会社に行くのが楽しみで仕方ない」と書くほど仕事熱心である。

　ウォルトもアイズナーも必死に仕事に邁進してここまで成功してきた。労働組合に邪魔されてたまるかと思っていたのであろう。ウォルトは顧客志向であるが、従業員志向ではない。ただし固い友情で結ばれた同僚を尊重する気持ちはあった。アニメーターや美術監督の能力の高さを非常に褒めている。アイズナーは株主志向・ウォールストリート志向であって、従業員志向ではない。ディズニー社は1923年設立で、うち最初の43年間がウォルトのワンマン経営、1984年から2005年までの21年間がアイズナーのワンマン経営であった。つまり91年の社史の中で64年間、強力で有能なワンマン経営者に支配されてきた。その64年間の業績が良かったことから、彼ら二大経営者は非常に能力の高い経営者だったと言える。

　本章の貢献は、労働問題研究において、レイオフを実行する経営者がどのような経緯でその思想を持つに至ったかケーススタディがあまり行われていない中、それを行ったことである。さらにディズニー社のレイオフとストライキを初めて明らかにした。二大経営者ウォルト・ディズニーとマイケル・アイズナーの思想とそれが生まれた背景を比較したのも初めてである。

102

＜主要参考文献＞

- Green, A. Booth and Howard E. Green, (1999), *Remembering Walt Favorite Memories of Walt Disney*, Disney Enterprises, inc.（阿部清美（2013）『ウォルト・ディズニーの思い出』竹書房）

- Eisner, D. Michael and Tony Schwartz (1998), *WORK IN PROGRESS, THE WALT DISNY COMPANY* c/o, The Robbins Office Inc. through The English Agency (Japan) Ltd.（布施由紀子訳（2000）『ディズニー・ドリームの発想』（上・下）株式会社徳間書店）

- Thomas, Bob, 1976, 1994, *WALT DISNEY: AN AMERICAN ORIGINAL*, The Walt Disney Company.（玉置悦子・能登地雅子訳（2010）『ウォルト・ディズニー　創造と冒険の生涯 完全復刻版』講談社）

- Thomas, Bob (1998), *BUILDING A COMPANY*, Hyperion.（山岡洋一・田中志ほり訳（1998）『ディズニー伝説』日経BP社）

- Weber, M., (1905), *Die Protestantische Ethik und der 'Geist' des Kapitalismus.*（大塚久雄訳（1989）『プロテスタンティズムの倫理と資本主義の精神』岩波書店）

- ザ・ウォルト・ディズニー・カンパニー有価証券報告書（平成23年10月2日－平成24年9月29日）

- 中島　恵（2013）『東京ディズニーリゾートの経営戦略』三恵社

- 中島　恵（2014）『ディズニーランドの国際展開戦略』三恵社

- 『日経ビジネス』2002年1月7日号「ディズニー総帥が初めて語るミッキーマウス不滅の帝国」28-35頁

第7章　ディズニーランド・パリの経営不振と人員削減
ーユーロディズニーS.C.A.の労働組合の動向ー

1．はじめに

　1992年4月、パリ郊外にユーロディズニーランド（現ディズニーランド・パリ）が開業した。開業した4月は客足が良かったが、翌5月に入ると入場者減少となった。フランスは元々反米国家だからか、他国の大衆文化を受け入れない国民性だからか、マスコミや知識人の一部が「文化のチェルノブイリ」（フランス文化が外国に汚染される意）と批判した。それに天候不順も手伝って開業時から集客に苦戦を強いられた。

　1987年に米ディズニー社とフランス政府がユーロディズニーの契約を締結した時、その2年後にベルリンの壁崩壊（1989年）、東西ドイツ統一（1990年）、ソ連崩壊（1991年）、その後の旧東側陣営の内紛、欧州通貨危機と、ヨーロッパが大荒れになるとは予想しなかったであろう。欧州通貨危機は、対仏フランで英ポンド安などとなり、ヨーロッパの西側諸国（資本主義陣営の西ドイツ、スペイン、オランダ、イタリア等）から旅行者が減ることとなった（中島, 2014）。ユーロディズニーは、開業当初から大成功の東京ディズニーランドと対照的である。

　本章では、ユーロディズニーS.C.A.の経営不振とそれに伴う人員削減の経緯を考察する。

2．ユーロディズニーS.C.A.の概要

　ユーロディズニーランド（現ディズニーランド・リゾート・パリ）を経営する企業をユーロディズニーS.C.A.という。

　S.C.A.とはフランスの株式合資会社（英語 Limited Partnership by Shares）である。S.C.A.とは Societe en Commandite par Actions（ソシエテ・アン・コマンディット・パラクシオン）の略で、株式会社と合資会社の中間の形態で、その社員は無限責任社員と有限責任株主から成る二元組織である。無限責任社員は会社の債務に債権者に対して直接無限の責任を負う。無限責任社員とは、経営者である。有限責任の株主は直接責任を負わず、会社への出資義務のみを負う。

　フランス語で commandite（コマンディテ）とは、合資会社の無限責任社員で、実際は経営する人である。societe（ソシエテ）とは会社、societe anonyme（ソシエテ・アノニム：SA）とは株式会社である。

　ユーロディズニーS.C.A.（Euro Disney S.C.A.：以降ユーロディズニー）は、グループ全体の持株会社で上場企業である。主な資産は、子会社ユーロディズニー・アソシエ S.C.A.（Euro

Disney Associés S.C.A.）のシェアキャピタル（株を発行して得る資本金の一部）の82%である。ユーロディズニーの合名会社はユーロディズニーランド（Euro Disneyland：以降 EDL）パティシパント S.A.S.（EDL Participations S.A.S.）は、米ウォルト・ディズニー・カンパニーの子会社で、ユーロディズニー S.C.A.の管理会社である。フィリップ・ギャス（Philippe Gas）がユーロディズニー S.C.A.の会長兼 CEO（Chairman and Chief Executive Officer）である。

ユーロディズニー・アソシエ S.C.A.（Euro Disney Associés S.C.A.：以降 EDA）はディズニーランド・パリ、ウォルト・ディズニー・スタジオ・パーク、ディズニーランドホテル、デイヴィ・クロケット（アメリカ西部開拓者で政治家）牧場、ゴルフ・ディズニーランドを運営し、同グループの不動産部門を統括している。ユーロディズニー S.C.A.は EDA の82%のシェアキャピタルを保有する。残り18%は米ディズニー社の間接子会社、EDL コーポレーション S.C.A.とユーロディズニー・インベストメント SAS の二社で保有している。ユーロディズニー・アソシエ S.C.A.の有限責任社員はユーロディズニー・コモーディット SAS というユーロディズニー S.C.A.と EDL コーポレーション SAS とユーロディズニー・インベストメント SAS の完全所有会社である。その管理者はユーロディズニー S.C.A.である。EDL ホテル S.C.A.（EDL Hôtels S.C.A.）は EDA の完全子会社で、全ホテル（ディズニーランドホテルとデイヴィ・クロケット牧場を除く）とディズニー®ビレッジ（Disney® Village）の運営をしている。Centre de Congrès Newport S.A.S.とは、フランスの合資会社でディズニー社の間接的完全所有子会社である。EDL ホテル S.C.A.の土地リースに準じて、ニューポート・ベイ・クラブ®コンベンション・センター（Newport Bay Club®Convention Centre）に融資し、獲得した[73]。

ユーロディズニーグループの持株会社ユーロディズニー S.C.A.は、ユーロディズニー・アソシエ S.C.A.と EDL ホテルズ S.C.A.、ディズニーランド・パリの運営などの親会社で、それぞれフランスの株式会社の有限責任社員（société en commandite par actions）である。フランスの法律では、S.C.A.は経営責任、監査役会、海外企業の経営などを行う経営者間の特色を強調する。二社の法的な構造無限責任社員と有限責任社員から成る。第三に向けて、無限責任社員（general partners）は無限責任を全債務者に責任を持つ。有限責任社員（limited partners）は株主である。彼らの権利は株式会社（SA：société anonyme：ソシエテ・アノニム：英語

---

[73] Disneyland Paris HP「Group Structure」2013年10月7日アクセス
http://corporate.disneylandparis.com/corporate-responsibility/corporate-governance/index.xhtml#contentj

Security Association）としての株式の構造と一致する。同社の株主は1994年以降異なる種類のストックオプションを実施している。ストックオプションは最長8年間有効である[74]。

　1987年3月24日、ユーロディズニー・プロジェクトがユニークな観光地創造として、フランス政府、イルドフランス地方政府（Ile-de-France Regional Council）、セーヌエマヌル地域政府（Seine-et-Marne Departmental Council）、パリ郊外交通（Suburban Paris Transportation Authority：RATP）、公共計画審議会と米ディズニー社によって、マヌル・ラ・ヴァレ（Marne-la-Vallée：EPA-Marne）という新しい街の開発の契約が締結された[75]。

　2010年にユーロディズニーの人事制度はフランス政府に認められることとなった。同年、ユーロディズニーはダイバーシティ・レーベル証書（Diversity Label Certificate）を受賞した。フランス規格協会（AFNOR：Association Française de Normalisation）から全種類の差別（障害者、性別、人種、民族等のマイノリティ差別）を廃止し、公平な昇進機会を提供したことが評価されたからである。ユーロディズニーはディズニー・ユニバーシティ（企業内大学：学校法人の大学ではなく、企業の人材育成のための研修所）で人材育成を行っている。そのため全従業員が研修を受け、新しい能力を身に付けたり、昇進したりすることができる。ユーロディズニーの従業員数は1万5,000名以上、平均年齢35歳で、うち602名が障害者雇用、平均勤続年数14年、約13%が開業時からの従業員である。従業員の86%が終身雇用契約である。従業員は100ヶ国以上の国籍で、20ヶ国語が話され、500種以上の職種があり、管理職の約80%が内部昇進、毎年2万人程度の求職者がいる。5万5,000人程度の雇用が直接的または間接的に創出されている。これらの出典は2011年12月31日の「Social Report Effective[76]」である。

---

[74] Disneyland Paris HP「Corporate Bodies」2013年10月7日アクセス
http://corporate.disneylandparis.com/corporate-responsibility/corporate-governance/index.xhtml#contentj
[75] Disneyland Paris HP「Our Story」2013年5月3日アクセス
http://corporate.disneylandparis.com/about-our-company/our-story/
[76] Disneyland Paris HP「Our people」2013年10月7日アクセス
http://corporate.disneylandparis.com/corporate-responsibility/our-people/index.xhtml

3．開業期の経営不振と人員削減

開業後4ヶ月経過した1992年8月、フランスの労組筋の情報によると、ユーロディズニーは<u>5,000人の人員削減</u>を実施する、と日経新聞が報じた。初年度の赤字決算が確実視されて、人員削減は業績回復に向けた合理化の一環と見られた。テーマパーク隣接の6ホテルのうちの一つ「ニューポート・ホテル」を閉鎖することも検討していた。4月開園から6月末までの来場客は約360万人と予測を下回る数字となった。来場内訳は英国、ドイツを中心とした外国からの来場客が約260万人、フランス人は約100万人で、予想以上に少なかった。これに初期投資の負担も重なり、9月末で締める初年度決算は赤字見通しとなった。ユーロディズニーには臨時雇いの季節労働者も含め、約1万7,000人の従業員がいた。計画ではこのうち約5,000人を削減するという。農業補助問題をめぐる米仏間の対立を背景に、フランスの農業者がユーロディズニー周辺をトラクターで包囲する事件もあった[77]。

開業1年の1993年9月、ユーロディズニーは経営不振にあえいでいた。フランス政府の肝いりで開業したにかかわらず、期待と裏腹に赤字は膨らむばかりであった。不動産開発の失敗により財務体質が悪化したのが主因であったが、欧州特有の文化土壌を無視するなど集客戦略の読み違いも災いしていた。開業後、初めての通年決算となった1993年9月期は、最終損益20億フラン（約360億円：1フラン＝約18円）程度と大幅な赤字に陥る見込みであった。開業前の黒字予測は完全に外れ、収益改善の目途は全く立たなかった。借入金残高は210億フラン（約3,780億円）と、年間売上高の約3分の1に達した。金利支払い負担は年間20億フラン（約360億円）に上り、収益を圧迫していた。運転資金も不足し、親会社の米ディズニー社に資金援助を依頼せざるを得なくなった。開園から1年間で入場者数1,500万人とほぼ目標を達成したが、顧客単価は日米のディズニーランドより低かった。入場料、飲食、物品販売など顧客単価は見込んだ約400フラン（約7,200億円）の7割程度であった。ホテル代も最低550フラン（約9,900億円）と割高で、利用率は68%と目標の80%に届かなかった。欧州通貨危機の影響も受けた。対フランで自国通貨の価値が目減りした英国やイタリアなどからの観光客が激減、ホテルの採算にも大きく響いた。欧州では夏の長い休暇を安上がりに過ごすため、フランス人の一日当たりのバカンス費用が日本人の6分の1、米国人の4分の1程度との調査結果もある。ユーロディズニーの期待に反して、欧州の人々は観光地で一度に贅沢な支出しない[78]。

---

[77] 1992/08/10 日本経済新聞　夕刊3頁「ユーロディズニー、人員5000人削減を計画──初年度赤字で合理化、ホテル閉鎖も。」

[78] 1993/09/13 日経産業新聞3頁「経営不振にあえぐ仏ユーロディズニー、「欧州の文化無視」響く。」

日本の東京ディズニーランド（TDL）は、入場料だけでなく、飲食と物品販売で顧客単価を上げるのであるが、フランスではその二点が伸びないのである。日本人と違って、ヨーロッパ人は旅行先でそれほどお土産を買わない。アメリカ人ほど園内で飲食しない。

そして 1993 年 10 月、ユーロディズニーは大幅な人員削減に踏み切った。1 万 1,000 人の全従業員のうち 950 人を削減する方針で組合との協議で最終決定した。削減対象は事務と管理職で、特に管理職では全体のほぼ 39％に当たる 500 人を減らす。正規雇用からハーフタイムへの移行、子会社や下請け会社への配置転換などの緩やかな手段を優先する考えだが、削減規模が大きいため解雇も避けられない。巨額の借入金負担と経営不振にあえぎ、ユーロディズニーは人件費を中心とした固定経費削減の両面作戦で経営再建を目指した。しかし経営再建の鍵となる第二期工事（第 2 パーク建設）については経営悪化で資金計画が進まず、フランス政府との契約調印は無期延期のまま、計画全体の見直しを迫られていた[79]。

1994 年 2 月、ユーロディズニー再建に 100 億－130 億フラン（約 1,800－2,340 億円）の資金が必要になった。米ディズニー社が日米欧などの債権銀行団（約 60 行）に示したユーロディズニーの 5 年間の事業計画で、一部銀行が参加する 80 億フラン（約 1,440 億円）程度の増資と金利減免などで賄いたいとし、米ディズニー社と債権銀行団が対立した。債権銀行団は仏パリ国立銀行（BNP）、インドスエズ銀行、英バークレイズ銀行、日本長期信用銀行など 9 行を窓口に米ディズニー社と交渉した。この中で米ディズニー社が提案したのが、ユーロディズニーの事業計画で、人員削減追加、ホテルやレストランの合理化とそれに見合った料金の引き下げなどが柱で、利益回復のために最高 130 億フラン（約 2,340 億円）程度の追加資金が必要になると訴えた。米ディズニー社はユーロディズニーから徴収しているキャラクター商品のロイヤルティや経営指導料などの一部を減免する方針を発表した[80]。

つまり米ディズニー社がユーロディズニー再建支援の条件に示した条件が、人員削減の追加であった。米ディズニー社の方針は、日本のオリエンタルランドと比べて過激なようである。

4．クリスマスから年末年始のストライキ

1990 年代の不振と改革を経て、2000 年近くになると、ユーロディズニーの業績が上がってきていた。

しかしながら、1999 年 12 月、ユーロディズニーがクリスマスから年末にかけてストライキを実施する可能性が大きくなったと報道された。会社と労働組合が年末勤務に対するボーナス

---

[79] 1993/10/20 日経産業新聞 3 頁「ユーロディズニー、冬季ホテル料金下げ――不振打開へ 950 人削減も。」
[80] 1994/02/24 日本経済新聞　夕刊 5 頁「仏ユーロディズニー再建、100-130 億フラン必要。」

と次年の賃上げ交渉で決裂したためであった。大晦日には準備に1年以上かけたミレニアムパーティを予定していただけに影響は大きい。労働組合は大晦日勤務に対し、2,000フラン（約3万2,000円）の臨時ボーナスと3日間の振替休暇を要求した。会社は、休暇は認めるもののボーナスを700フランと回答した[81]。

日経各紙で報道されたのはここまでであるため、実際にストライキが行われたか不明である。

5．まとめ

本章では、ユーロディズニーの経営不振とそれに伴う人員削減の経緯を考察した。

開業前は「ディズニーランドを開業すれば日米のようになるはずだった」のであろうが、ユーロディズニーは絶不調であった。そのため大幅な事業再建計画が必要となった。1992年4月開業で、4か月後の8月にもう5,000人（季節労働者等の非正社員を含めて従業員数1万7,000人）の人員削減を発表した。この情報がフランスの労組筋から入ったことから、ユーロディズニーでは労組が活発に活動していると推測できる。

ユーロディズニーの開業初年度（1992年度）の入場者数は1,500万人と、東京ディズニーランド・東京ディズニーシー（TDL・TDS）の初年度入場者数よりも多い。TDL開業の1983年の入場者数は1,000万人強であった。2013年現在もTDL・TDSそれぞれ1,150－1,400万人程度である。ユーロディズニーは開業年度から世界トップクラスの集客力であった。それなのにこれほど「ユーロディズニー失敗説」（中島、2014、第4章）が根強いのはなぜであろう。その一因は、ヨーロッパ人が飲食と物品販売にそれほど支出しないからであろう。ヨーロッパ人は、アメリカ人ほど飲食に支出せず、日本人ほどお土産を買わない。ユーロディズニーでは園内でミッキーマウス等の耳のカチューシャ等、園内で飾って楽しむ装飾品が、東京と違って流行っていない。そのため入場料収入以外が少ないのであろう。入場者数の割に売上が低いのであろう。ユーロディズニーは売上に占める入場料、飲食棟の割合を公表していないため、この点は推測である。

開業から1年6ヶ月後の1993年10月に、ユーロディズニーは大幅な人員削減に踏み切った。1万1,000人の全従業員のうち950人を削減する方針で組合との協議で最終決定した。削減対象は事務と管理職で、特に管理職では全体のほぼ39％に当たる500人を減らした。正規雇用からハーフタイムへの移行、子会社や下請け会社への配置転換などの緩やかな手段を優先す

---

[81] 1999/12/22 日本経済新聞　夕刊2頁「仏のディズニーランド、賃上げ交渉決裂で年末ストの可能性。」

るものの、削減規模が大きいため解雇も避けられなかった。現場よりも事務職と管理職を減らした。その際、会社は労組と討議したことから、労組がそれなりに機能していたのだろう。

1994年2月、米ディズニー社はユーロディズニー再建計画を銀行に示した。その計画に人員削減の追加があった。それ以外にホテルやレストランの合理化とそれに見合った料金の引き下げなど様々な策を講じた。米ディズニー社はアメリカ企業らしく、過激な労使関係のようである。

ユーロディズニーの業績がだいぶ上がってきた1999年12月のクリスマスから年始にかけてストライキを実施する可能性が高くなったと報道された。会社と労組が年末勤務に対するボーナスと次年の賃上げ交渉で決裂したためであった。組合は大晦日勤務に対し、2,000フラン（約3万2,000円）の臨時ボーナスと3日間の振替休暇を要求した。会社は、休暇は認めるもののボーナスを700フランと回答し、決裂した。日本のオリエンタルランドの労組がおとなしい御用組合であるのに対し、ユーロディズニーの労組は積極的に経営陣に要求する方針が明らかになった。

日本のオリエンタルランドが経営する東京ディズニーリゾートと異なり、ユーロディズニーは開業と同時に経営不振で、巨額の借入金と過剰人員を抱えた。経営難に陥ったユーロディズニーは親会社の米ディズニー社に支援を求めると、さらなる人員削減が再建計画に盛り込まれるなど、アメリカ企業らしい米ディズニー社の影響を強く受けた。日本のオリエンタルランドは開業と同時に絶好調であったため、米ディズニー社に支援を求め、人員削減を要請されることなど全くなく、先鋭な労使関係になることはなかった。そのため日本的経営で一般的な好業績に支えられた労使協調路線の御用組合となって定着したのであろう。1983年の開業以来、一度のストライキも人員削減も報道されていない。

本章の限界は、ここまでしか日経各紙で報道されていないため情報が無いことである。フランス語のHPにはもっと情報があるかも知れない。

本章の貢献は、労組が活発に活動しているユーロディズニーの人員削減と労組の存在を初めて明らかにしたことである。ユーロディズニーの労組の先鋭化は、①ユーロディズニー開業と同時に経営難に陥り、5,000人を削減し、その後も人員削減があったこと、②労組が活発に活動するヨーロッパに位置することが背景にある。

＜参考文献＞
● 　中島　恵（2014）『ディズニーランドの国際展開戦略』三恵社

短編1　「夢と魔法の王国」の御用組合
―オリエンタルランドの労働組合―

本編は筆者がブログに載せた記事である。思った以上にアクセス数が多いので、本書の一編とするこにした。これに対する関心の強さが分かったため、次章で『「夢と魔法の王国」の光と影―オリエンタルランドの非正規雇用問題―』を書くこととした。それもアクセス数が多いので驚いている。非正規雇用やそれに伴う格差社会に関心が強いようである。

東京ディズニーリゾート（TDR）を経営するオリエンタルランドの労働組合はどのような性格の組織なのだろうか。

東京ディズニーランド（TDL）開業から5年目の1988年、TDLは大成功し、有名になっていた。その頃、TDLの労働組合（労組：ろうそ）が、組合名、役職名、大会名を全てカタカナにしたユニークな労組として日経新聞で「おとぎの国の明るい闘争」として報道された。TDLを経営するオリエンタルランドの従業員が1987年2月に結成した。組合名は「OFS」（オフス：Oriental Land Friendship Society）、委員長はチェアマン、執行委員はエグゼクティブ、大会名オールメンバーズミーティングである。若いメンバー（組合員）に向けて労組の暗いイメージを一掃する目的であった。組合の組織率が年々低下し、若年層の組合離れが進む中、上部団体のゼンセン同盟や他の単産が労組のニューウエーブと注目していた。1983年4月のTDL開業とほぼ同時に誕生した社員親睦会が組合の役割を果たしていたが、「将来、経営の悪化やトップの交代があった時、親睦会のままでは心配」との声が高まり、正式労組としてOFSが誕生した。しかし組合旗、鉢巻、ビラはなく、代わりにファッションブランドを思わす金色鮮やかなロゴマークをつくった。チェアマンの佐藤健司氏は、メンバー1,860人の平均年齢が27.5歳の若い組合で、従来の労組にとらわれずメンバーと気軽にコミュニケーションが図れる明るい雰囲気づくりをめざしたとコメントした。1988年3月、OFSは初めて本格的な春闘を迎えたが、「春闘」という言葉も使わず、賃上げ要望書も提出しなかった。労使のミーティングの場で決めていく方針であった。アメリカのディズニーランドで1984年秋に賃金凍結をめぐって3週間のストライキがあったことについて佐藤氏は、「イメージが売り物のレジャー産業であってはならないこと」と労使協調路線を強調した。今後の課題として佐藤氏は、(1)浦安市

最大の企業労組として市議会など政治への参加、(2)約7,400人のパートタイマーの組織化をどうするかを挙げた。若年層を中心とした労働者の意識の変化、パートタイマー増加などから全国の労組の組織率は27.6%（労働省調べ、1987年6月末）と、12年連続低下していた。産業別雇用者数で2位でありながら組織率が16.7%と低いサービス業での組織化は労働界にとって緊急課題であった。OFSの上部団体、ゼンセン同盟の三ツ木宣武組織局長は「今の若い人には労働者という意識がない。例えばブティックの店員をハウスマヌカンと呼ぶように横文字の方が若者に受け入れられやすいわけで、OFSの出現も時代の流れと言える」と分析している[82]。

日経各紙でオリエンタルランドの労組が報道されたのはこれだけである。それ以外は、ゼンセン同盟に所属する労組一覧にオリエンタルランドが箇条書きで載っているだけである。

ゼンセン同盟とは、2013年11月現在はUAゼンセン、全国繊維化学食品流通サービス一般動労働組合同盟の略で通称である。オリエンタルランドは、総合サービス部門（827組合、約41万人）に所属している。「オリエンタルランド」としてではなく、「東京ディズニーリゾート」として加盟している。東京ディズニーリゾート（TDR）内のパートナーホテルの「オリエンタルホテル東京ベイ」（旧新浦安オリエンタルホテル、オリエンタルランドの子会社ではなく、資本関係は無い）、2013年2月に買収してオリエンタルランド傘下とした「ブライトンホテルズ」もここに加盟している。TDR以外のテーマパークでは「後楽園」「ユニバーサル・スタジオ・ジャパン」「ホークスタウン」「ハウステンボス」「シーガイア」もここに加盟している[83]。

この労組OFSの初代委員長（チェアマン）の佐藤氏は、アメリカのディズニーランドで3週間のストライキがあったことについて、イメージが重要なレジャー産業であってはならないこととコメントしたことから、労組のトップとして会社と闘う方針ではなく、労使協調という名の御用組合だったと言える。その後もオリエンタルランドの労組の活動が報道されないことからも温厚で従順な労組と推測できる。

アメリカのディズニーランドでのストライキとは、1984年9月25日から約3週間続いた1,884人の従業員によるストライキで、労使協約改定交渉が決裂したことによる14年ぶりに起こったストライキである。カリフォルニア州アナハイムのディズニーランドでストライキが続けられる中、営業は平常通り行われたが、プラカードを掲げた従業員がピケットラインを張る

---

[82] 1988/03/17 日本経済新聞　夕刊19頁「東京ディズニーランド、おとぎの国の明るい 闘争——用語すべて横文字（88 春闘前線）」
[83] UAゼンセン「加盟組合」2013年11月16日アクセス　http://www.uazensen.jp/about/kamei.html

中を異来場者は入園していった。周辺のホテル業者はストライキを嫌った客離れに悲鳴の声を上げていた。会社は同年9月初めに入場者の頭打ちなどを理由に16%の賃金カットを提示したが、景気回復に沸くアメリカ産業界の実態を目のあたりにした組合は猛反発した。「地球上、最も楽しい場所」という有名な看板を掲げたディズニーランドで3週間もストライキが行われ、イメージ低下につながった[84]。

　1988年当時の日本はバブル景気であった。オリエンタルランドは開業以来の急成長が続き、有名企業となっていた。この頃から銀行借入による初期投資を回収し、黒字を出せるようになっていた。その段階では、労組のトップは会社と闘う姿勢を見せる必要は無かっただろう。初代委員長（チェアマン）の佐藤氏はどのように選出されたのであろう。オリエンタルランドのキャスト（アルバイト）は従順に従う従業員しか雇わないよううである。それなら労組のトップはなおさら御用組合として従業員を平定する能力のある正社員をトップにしたのではないかと推測できる。オリエンタルランドはこのようなことを公表しないため、推測しかできない。

　2010年に福島文二郎氏による『9割がバイトでも最高のスタッフが育つディズニーの教え方』がヒットし、オリエンタルランドの従業員に占めるアルバイトの比率が約90%だということが周知された。

　全従業員の何%が労組に入っているかを組織率という。全従業員とはパート・アルバイトを含む。労組は組織率を高めたいが、サービス業では従業員に占める正社員比率が低く、組織率は低い傾向にある。労組は過半代表権を握り、会社と交渉したい。弱い立場の非正社員こそ労組に入って守られるべきであるが、「キャストの世界観」を形成するほどホスピタリティ志向の強い陶酔したキャストが春闘などでオリエンタルランドと闘うとは考えにくい。アルバイトから契約社員に、そして契約社員から正社員に上がりたいキャストにとっては、組合活動は控えたいであろう。そのような知恵や知識が無い若年者が多いのかもしれない。日本の若年者なら、ストライキという名前は知っていても、それが何かほとんど知らないのではないか。労働条件に不満があってもストライキや労組の交渉を通して改善しようと考えないのであろう。オリエンタルランドの従順でおとなしい労組は、1988年以降の日本に設立されたことにもよる。

　キャストは夢を壊すことを絶対にしないように教育されている。そのため労働条件に不満があっても夢を壊す発言をしないのであろう。キャスト同士で教育し合う風土であるため、一人だけ会社の方針に反論することは難しいのではないか。

---

[84] 1984/10/05 日本経済新聞　夕刊3頁「危うし、ディズニー王国——株集め、ストに揺らぐ（ニュースの周辺）」

このような背景から、オリエンタルランドの労組はほとんど存在感も活動も無いまま推移しており、それで特に何も報道されないのであろう。

　それに比べて、アメリカとフランスのディズニーランドの従業員は、日本と違って活発に労使交渉やストライキを行っている。おそらく国民性の違いであろう。

さらに、アメリカやフランスの労働法は、日本の労働法と大きく異なる。アメリカの労働法は、業績低迷事業のレイオフ（一時解雇）を認めている。フランスではストライキが頻発している。その一環でディズニーランドの従業員も賃上げ（賃金を上げる）要請をしたのであろう。

　同じディズニーランドの従業員とは思えないほど、アメリカとフランスの従業員は会社に従順に従わない。これが一般的なアメリカ人労働者、フランス人労働者である。ディズニーは「夢と魔法の王国」と言うキャッチフレーズを好んで使うである。しかしそこで働くとなったら、夢でも魔法でもない。現実的な労働である。

第8章 「夢と魔法の王国」の光と影
－オリエンタルランドの非正規雇用問題－

1．はじめに

　東京ディズニーリゾート（TDR）はテーマパーク産業、観光産業、サービス産業で数々の偉業を成し遂げてきた。ディズニーランドは1955年にアメリカ・カリフォルニア州アナハイムに一号店が出来た。これは生前のウォルト・ディズニーが人生を賭けて芸術的アイディアを具現化した最高傑作であった。ウォルト・ディズニーは映画監督であったため、舞台上と舞台裏の明確な区別をつけるようにした。顧客の目に見えるところを「オンステージ」、顧客の目に見えないところを「バックステージ」と呼ぶ。生前のウォルトは好んで「ディズニー・マジック」とう言葉を使っていた。そのため経営努力を感じさせず、魔法で利益を上げているイメージの企業となった。しかしそのような魔法は無い。生きた人間が試行錯誤しながらここまで育て上げてきた。1958年にオリエンタルランド創業社長がアメリカ出張中にこのディズニーランドに出会い、感銘を受け、絶対に日本に誘致すると心に誓った。事業よりも夢やロマンを追い求め経営者であった。1960年に設立されたオリエンタルランドは、23年の地道な苦労を経て、1983年4月に開業し、大成功を収めた。しかしながら、テーマパーク産業は常時追加投資が必要な過酷な産業である。オリエンタルランドは自然に成功したと思う人がいるので度々驚かされるが、毎年巨額の投資をするために苦労して捻出している。その甲斐あって、世界屈指のテーマパークとなった。そのせいか人件費が売上の割に潤沢でないようである（後述）。

　本章では、「夢と魔法の王国」と呼ばれるオリエンタルランドの影の部分である非正規雇用問題を考察する。ウォルトがバックステージと呼び、世界中のディズニーランドでそう呼ばせている影の部分を明らかにする。光が強い分、影はもっと強いと言える。

2．世界のテーマパーク市場におけるTDR

　ここではディズニーランドの光の部分、偉業を示す。表1は2014年世界主要10テーマパークグループの入場者数の合計である。1位のウォルト・ディズニー・アトラクションズはウォルト・ディズニー社の子会社でテーマパーク部門を担当する。2位のマーリン・エンターテイメント・グループはレゴランドなど中小のテーマパークをヨーロッパ中心に経営している。3位のユニバーサル・スタジオ・レクレーション・グループは世界のユニバーサル・スタジオを経営するNBCユニバーサル社のテーマパーク部門である。年間入場者数で2位のマーリンの2倍以上、3位のユニバーサル・スタジオの3.5倍程度である。

表2は世界のテーマパーク入場数ランキングである。2011年と2014年のランキングで若干
変動はあるものの、上位4位はほぼ変わらない。1位はフロリダ州オーランドのディズニーワ
ールドのマジックキングダム、2位はカリフォルニア州アナハイムのディズニーランドか東京デ
ィズニーランド、4位が東京ディズニーシーである。上位10位のうち8がディズニーのテーマ
パークである。そこにユニバーサル・スタジオが食い込んできて、それ以外に日本勢と韓国勢
と入っている。

　その結果として、表3のアメリカのフォーブスのブランド力ある企業のランキングで11位に
入っている。アメリカのウォルト・ディズニー社は世界を代表する巨大優良企業なのである。
さらにウォルト・ディズニー社はダウ・ジョーンズ30（アメリカ経済を牽引する上位30社）
に入る企業なのである。

　FORBS の「2015年世界で最も高価値なブランド上位25社」（表3）でも11位、ブランド
価値346億円である。この中に観光関連の企業はディズニー社一社である。

表1：2014年世界主要10テーマパークグループの入場者数（単位：人）

	企業グループ	本　　社	主要パーク	入場者数
1	**ウォルト・ディズニー・アトラクションズ**	米カリフォルニア州バーバンク	**世界のディズニーランド**	**134,330,000**
2	マーリン・エンターテイメント・グループ	英プール	欧州中心に中小パーク多数	62,800,000
3	ユニバーサル・スタジオ・リクレーション・グループ	米フロリダ州オーランド	世界のユニバーサル・スタジオ	40,152,000
4	OCTパークス・チャイナ（華僑城）	中国・深圳	都市開発とテーマパーク	27,990,000
5	シックス・フラッグズ・エンターテイメント	米テキサス州グランドプレーリー	絶叫マシン系パーク多数	25,638,000
6	セダー・フェア・エンターテイメント・グループ	米オハイオ州サンダスキー	ナッツベリーファーム等米国に中小パーク多数	23,305,000
7	シーワールド　パークス&エンターテイメント	米フロリダ州オーランド	米国の海のテーマパーク	22,399,000
8	パークス・リユニダス	西マドリード	欧米に中小パーク多数	22,206,000
9	Chimilong Group（長隆集団）	中国・広州	中国で観光開発	18,659,000
10	SongCheng（宋城）Worldwide	中国・杭州	中国で文化、演劇、観光、ショービジネスなど	14,560,000
	合計			392,039,000

出典：2014年「Theme Index: Global Attraction Attendance Report[85]」p.9の表に加筆修正

発行者：Themed Entertainment Association（TEA）

---

[85] AECOM HP「WHAT WE DO」「Economics」2013年1月12日アクセス
14,http://www.aecom.com/deployedfiles/Internet/Capabilities/Economics/_documents/Theme%20Index%20
2011.pdf

表2：2011年および2014年世界トップ20テーマパーク（単位：人）

	テーマパーク	立　地	備　考	2011年入場者数	2014年入場者数
1	マジックキングダム	米フロリダ州レイクブエナビスタ	ウォルト・ディズニー・ワールド第1パーク	17,142,000	①19,332,000
2	ディズニーランド	米カリフォルニア州アナハイム	世界初のディズニーランド	16,140,000	③16,769,000
3	**東京ディズニーランド**	**日本・千葉**		**13,996,000**	**②17,300,000**
4	**東京ディズニーシー**	**日本・千葉**		**11,930,000**	**④14,100,000**
5	ディズニーランド・パリ	仏マヌル・ラ・ヴァレ	パリ第1パーク	10,990,000	⑨9,940,000
6	エプコット	米フロリダ州レイクブエナビスタ	ウォルト・ディズニー・ワールド第2パーク	10,825,000	⑥11,454,000
7	ディズニー・アニマルキングダム	米フロリダ州レイクブエナビスタ	ウォルト・ディズニー・ワールド第4パーク	9,783,000	⑦10,402,000
8	ディズニー・ハリウッド・スタジオ	米フロリダ州レイクブエナビスタ	ウォルト・ディズニー・ワールド第3パーク	9,699,000	⑧10,312,000
9	ユニバーサル・スタジオ・ジャパン	日本・大阪	米コムキャストに買収された	8,500,000	⑤11,800,000
10	アイランド・オブ・アドベンチャー	米フロリダ州オーランド	ユニバーサル・オーランド第2パーク	7,674,000	⑪8,141,000
11	ロッテワールド	韓国ソウル	ロッテグループ	7,580,000	⑭7,606,000
12	香港海洋公園	香港	香港1の人気パーク	6,955,000	⑬7,792,000

13	サムスン・エバーランド	韓国京畿道	サムスングループ	6,570,000	⑯7,381,000
14	ディズニー・カリフォルニア・アドベンチャー	米カリフォルニア州アナハイム	アナハイム第2パーク	6,341,000	⑩8,769,000
15	ユニバーサル・スタジオ・フロリダ	米フロリダ州オーランド	ユニバーサル・オーンド第1パーク	6,044,000	⑪8,263,000
16	香港ディズニーランド	香港	香港2位の人気パーク	5,900,000	⑮7,500,000
17	ナガシマスパーランド	日本・三重	絶叫マシンで集客	5,820,000	⑲5,630,000
18	シーワールド・フロリダ	米フロリダ州オーランド		5,202,000	㉔4,683,000
19	ユニバーサル・スタジオ・ハリウッド	米カリフォルニア州ユニバーサルシティ	世界初のユニバーサル・スタジオ	5,141,000	⑰6,824,000
20	ウォルト・ディズニー・スタジオ	仏マヌル・ラ・ヴァレ	パリ第2パーク	4,710,000	㉕4,260,000

出典：2011年「Theme Index: Global Attraction Attendance Report[86]」のpp.12-13の表に加筆

2014年「Theme Index: Global Attraction Attendance Report[87]」のpp.12-13の表に加筆

　＊この表の左端の数値は2011年のランキングである。

　＊2014年入場者数の数字の前の○内の数値は、2014年のランキングである。

---

[86] AECOM HP「WHAT WE DO」「Economics」2013年1月12日アクセス
http://www.aecom.com/deployedfiles/Internet/Capabilities/Economics/_documents/Theme%20Index%2020
11.pdf
[87] TEA「2014 Theme Index」2016年3月28日アクセス
http://www.teaconnect.org/images/files/TEA_103_49736_150603.pdf

表3：FORBS 2015 年世界で最も高価値なブランド上位25 社

	社名	ブランド価値	前年比
1	Apple	1,453 億ドル	17％増
2	Microsoft	693 億ドル	10％増
3	Google	656 億ドル	16％増
4	Coca-Cola	560 億ドル	0％
5	IBM	498 億ドル	4％増
6	McDonald	395 億ドル	−1％
7	Samsung	379 億ドル	8％増
8	Toyota	378 億ドル	21％増
9	General Electric	375 億ドル	1％増
10	Facebook	365 億ドル	54％増
11	**Disney**	**346 億ドル**	**26％増**
12	AT&T	291 億ドル	17％増
13	Amazon.com	281 億ドル	32％増
14	Louis Vuitton	281 億ドル	−6％
15	Cisco	276 億ドル	−2％
16	BMW	275 億ドル	−5％
17	Oracle	268 億ドル	4％増
18	Nike	263 億ドル	4％増
19	Intel	258 億ドル	−8％
20	Wal-Mart	247 億ドル	6％増
21	Verizon	245 億ドル	14％増
22	American Express	234 億ドル	13％増
23	Honda	226 億ドル	−3％
24	Mercedes-Benz	225 億ドル	−5％
25	Budweiser	223 億ドル	4％増

出典：Forbs Japan「世界で『最も高価値なブランド』上位25 社　トヨタが8 位に」2016 年3
月30 日アクセス　http://forbesjapan.com/articles/detail/4776

3．オリエンタルランドの概要および総投資額

3-1．オリエンタルランドの概要

　株式会社オリエンタルランドは1960年設立、千葉県浦安市舞浜に本社を置く。代表取締役社長(兼)COO、上西京一郎氏、資本金約632億円、取締役9名、監査役4名、執行役員19名、正社員2,229名、テーマパーク社員820名、準社員18,706名、事業内容テーマパーク経営・運営、不動産賃貸等、主要取引銀行、みずほ銀行、三井住友信託銀行、業務提携先、ディズニー・エンタプライゼズ・インク、大株主は京成電鉄、三井不動産、千葉県等である。2015年3月期の売上高約4,662億円、営業利益約1,106億円、経常利益約1,104億円、当期純利益約720億円、連結子会社16社（2015年9月1日現在）、東京証券取引所一部上場である[88]。

　このように非常に利益率の高い優良企業である。ここの正社員になりたい人は多いだろう。現に新卒者に対する就職したい企業ランキングでオリエンタルランドは常時上位にくる。しかし東京一部上場企業であり、好業績を維持する人気企業なので、就職に関しては激戦である。他の東証一部上場企業と同じで、それなりの学歴、学力、語学力、知性、やる気、業界研究をしているか、コミュニケーション能力、協調性、将来会社を牽引する人材になりたい意欲などが必要となる。大企業の正社員になって60歳まで安泰ならばどのような仕事でもいいと言う能動的な人材を正社員採用することはない。能動的な仕事は2016年現在の日本では派遣社員の仕事である。

　なお、オリエンタルランドの正社員は2196名、平均年齢43.9歳、平均勤続年数19.9年、平均年間給与7,797,851円である[89]。平均年齢40歳前後、平均勤続年数20年前後、平均年間給与780万円程度なので、標準的な東京一部上場企業と言える。この給与水準を常時2000人以上に定年まで保証し、社会保険、福利厚生、退職金なども支払うため、正社員雇用がためらわれることは理解できる。

3-2．オリエンタルランドの総投資額

　1983年のTDL開業以降、オリエンタルランドはアトラクション・パレード・ショーなどの追加でTDRの価値が上がったという理由で数百円の値上げを繰り返し、2016年3月で大人1

---

[88] オリエンタルランドHP「会社概要」2016年4月22日アクセス　http://www.olc.co.jp/company/profile/
[89] 株式会社オリエンタルランド有価証券報告書第54期（平成25年4月1日から平成26年3月31日）2016年4月20日アクセス　http://www.olc.co.jp/ir/pdf/y2014-04.pdf

日 6,900 円[90]であった。それも 2016 年 4 月 1 日から 7,400 円に値上げされた[91]。一人で TDR に行く人は少ないだろう。二人か三人か四人で行く人が多いだろう。二人で行ったとしても入場料金だけで 14,800 円、そこに飲食と物品販売、そこまでの交通費は別途かかる。2014 年の TDR の来場者の顧客単価は 10,955 円である[92]。若年の顧客が多いことから、一日のレジャーにかける金額としては高額である。バブル崩壊後に就職した世代以降の貧困問題が指摘されている。2000 年代は「若年非正規雇用」「若年貧困問題」などと若年層の非正規雇用に伴う貧困が問題視された。その層は 2016 年現在 40 歳代である。それより年下の 30 歳代以下でも同様に契約社員、派遣社員、臨時社員など様々な非正規雇用者の比率が高まっている。2000 年代に若年雇用問題が浮上したが、2010 年代になって中年貧困問題が浮上している。このまま日本人の平均所得が下がり続けると、この価格のテーマパークに通える人は減少の一途をたどる。この価格であれば、オリエンタルランドは自分で自分の首を絞めることになるだろう。

　オリエンタルランドは値上げのたびに TDR の価値が上がったからと説明している。具体的に年間いくら投資投資しているのだろう。オリエンタルランドは①テーマパーク事業、②ホテル事業、③リテイル事業、④その他の事業（ショッピングセンター、モノレール等）の 4 つの事業を有する。2010 年から 2015 年までの 6 年間の投資額を見よう。最も安い 2010 年で約 194 億円、それ以降は 200 億円台、2015 年には 370 億円の投資をしている。その大半をテーマパーク事業にかけている。これら 6 箇年以外の年の投資額は不明である。オリエンタルランドは HP で、TDL 建設以来の累計投資額は 1 兆 3,000 億円（TDR 各施設開業時の初期投資が 7,000 億円、追加投資が 6,000 億円）に及ぶと公表している[93]。

　TDL 開業は 1983 年なので 2016 年は 33 年目である。1 兆 3,000 億円を 33 年で割ると約 394 億円である。TDL 開業時の初期投資額が約 1,800 億円、TDS 開業時の初期投資額は 3,350 億円、2014 年から 2023 年の 10 年間でテーマパーク事業に 5,000 億円の投資をする計画である[94]。

---

[90] オリエンタルランド HP「価格改定について」2016 年 3 月 28 日アクセス
http://www.tokyodisneyresort.jp/manage/info/ticket160208/
[91] オリエンタルランド HP「パークチケット」2016 年 3 月 28 日アクセス
http://www.tokyodisneyresort.jp/ticket/
[92] オリエンタルランド HP「ゲストプロフィール」2016 年 3 月 28 日アクセス
http://www.olc.co.jp/tdr/guest/profile.html
[93] オリエンタルランド HP「1．新しい発見と感動が常に生まれる場所」2016 年 3 月 28 日アクセス
http://www.olc.co.jp/ir/feature/report1.html
[94] オリエンタルランド HP「東京ディズニーリゾートの成長の軌跡」2016 年 3 月 28 日アクセス
http://www.olc.co.jp/ir/pdf/annual/2014/annual_03.pdf

表4はオリエンタルランドのセグメント別の投資額である。毎年テーマパーク事業に200億円前後の投資をしている。2015年は338億円を投資した。ホテル事業はリテイル事業を合わせて毎年200-300億円の闘志をしている。2015年は10箇年計画を発表した年で、370億円を投資した。テーマパークにこれだけ巨額投資をするのはオリエンタルランドだけである。

表4：オリエンタルランドのセグメント別設備投資額

事業	2010年	2011年	2012年	2013年	2014年	2015年
テーマパーク事業	176.45億円	262.36億円	220.09億円	264.96億円	169.18億円	338.62億円
ホテル事業	2.71億円	5.72億円	6.40億円	10.56億円	21.32億円	15.31億円
リテイル事業	3.35億円	—	–	–	–	–
その他の事業	11.69億円	11.01億円	5.63億円	11.95億円	13.26億円	16.51億円
消去又は全社	(200万円)	(600万円)	(300万円)	(1800万円)	(1000万円)	(1100万円)
合計	194.18億円	262.36億円	232.09億円	287.29億円	203.66億円	370.34億円

出典：オリエンタルランドHP「業績データ推移」2016年3月28日アクセス
http://www.olc.co.jp/ir/data.html

　参考までに、TDRの最大のライバルとされるUSJの投資額はいくらであろう。USJは2001年3月オープンで、初期投資額約1,800億円であった。「初年度バブル」で年間1,000万人を超えたが、「2年目のジンクス」で2年目に大幅に低下し、その後も入場者数を減らした。2004年にUSJにとっては大型投資となる新アトラクション「スパイダーマン」を導入した。その後もTDRに比べて低額な投資を続けてきた。USJにとって巨額投資となったのは2014年開業のハリーポッター450億円である。そして東京オリンピックの2020年に間に合うように任天堂のスーパーマリオのアトラクションを400億円で新設すると発表した。
　なお、USJを経営する(株)ユー・エス・ジェイは非上場企業なので売上高すら発表していない。過去の新聞記事から根気よく拾ってこれだけ集めた。

表5：USJ のアトラクション等の大型投資

オープン時期	投資対象	金額
2001 年 3 月	USJ 開業	約 1,800 億円
2004 年 1 月	スパイダーマン・ザ・ライド	約 140 億円
2006 年 4 月	ピーターパンのネバーランド	非公表
2007 年 3 月	ハリウッド・ドリーム・ザ・ライド	約 50 億円
2007 年 7 月	マジカル・オズ・ゴーラウンド	約 2 億円
2008 年 3 月	ファンタスティック・ワールド	約 16 億円
2009 年 3 月	夜間パレード	約 30 億円
2010 年 3 月	スペース・ファンタジー・ザ・ライド	約 50 億円
2012 年 3 月	ユニバーサル・ワンダーランド	非公表
2014 年後半	映画「ハリーポッター」をテーマにした新エリア	約 450 億円
2020 年	任天堂「スーパーマリオ」をテーマにした新エリア	約 400 億円

出典：次の資料を元に作成。

- 2013/01/09 日本経済新聞　朝刊 11 頁「これからのテーマパーク（中）ユニバーサル・スタジオ・ジャパン。」
- 2007/04/10 日本経済新聞　地方経済面 兵庫 46 頁「USJ にメリーゴーラウンド、7 月開業――幼児も利用 OK、家族連れに対応。」
- 2009/03/18 日経産業新聞 18 頁「夜間パレード導入 2 週間、USJ、地元客取り戻す――全国規模の集客課題。」
- 産経 WEST「USJ、マリオに 400 億円　任天堂との新アトラクションは正面ゲート左側に（2016/3/05）」2016 年 3 月 28 日アクセス

  http://www.sankei.com/west/news/160305/wst1603050022-n1.html

4．オリエンタルランドの非正規雇用問題

4-1．アルバイトの社会保険未加入発覚

　オリエンタルランドの非正規雇用問題が最初に表出したのは 2000 年である。

　2000 年 8 月、オリエンタルランドがアルバイトのうち約 1,600 人の厚生年金の加入手続きを怠っていたと船橋社会保険事務所から指摘され、過去にさかのぼって保険料支払いを求めていることが報道された。未納入の本人負担分は、健康保険料も含め合計約 2 億 1,000 万円で、雇

用期間などに応じて、一人数万円から最高 80 万円になると同社は説明した。当時約 1 万 2,000 人のアルバイトのうち厚生年金の加入者は約 2,000 人であった。しかし、2000 年 6 月から 7 月にかけ社会保険事務所が、「月 17 日、112 時間以上の雇用が 2 カ月間継続していた場合」を厚生年金加入基準として勤務実態を調べた結果、1,608 人の加入漏れが指摘された。同社は、アルバイトの社会保険の加入基準が、勤務日数、勤務時間が正社員の四分の三以上とされることから、「月 16 日、週 28 時間以上継続する場合」をめどとして加入手続きをしていた。同社は、指摘された全員を最長 2 年までさかのぼって厚生年金に加入、同月末までに会社負担分以外の本人負担分も立て替えて納入する[95]。

4-2. ダンサー労災認定問題

2007 年、ダンサー労災認定問題が報道された。TDR のパレードに参加していたダンサーが怪我をしたものの、業者を間に挟んだ業務請負契約だったことから、オリエンタルランドは「ダンサーとは雇用契約を締結しているわけではない」と主張したが、勤務実態から「労働者性」が認められ、業務上労災と認定されるに至った。その後、さすがのオリエンタルランドもダンサーなどの数百人のパフォーマーに関して業務請負契約から直接雇用へ移行した[96]。

4-3. パフォーマーの派遣切り、偽装請負か

2014 年 6 月、オリエンタルランドはショーのリニューアルに伴う派遣切りを行った。レギュラーショーおよびスペシャルイベントに、それぞれ 7〜17 年間にわたりパフォーマーとして派遣契約で出演してきた出演者たちが、「ショーをリニューアルオープンする」という名目で同年 3 月末での解雇を通告された。出演者たちは「このままでは夢の場がブラック化しかねない」として、オリエンタルランドに直接雇用を求め、オリエンタルランドユニオンを結成した。オリエンタルランドユニオンは同年 3 月にオリエンタルランドに対し、団体交渉の開催を求めたが、オリエンタルランドは請負業者と請負契約を結んでいる「注文主」にすぎず、雇用契約も指揮命令関係もなければ労務管理にも関与していないので「使用者」ではないという理由で団体交渉を拒否した。しかし「ショー出演者の一日は、出勤から退勤までの間『準備・ショー出演・待機』の繰り返しだが、この間の指揮命令のほとんどをオリエンタルランドのステ

---

[95] 2000 年 8 月 20 日　朝日新聞　朝刊　面名：2 社会 38 頁「1600 人が年金加入漏れ　東京ディズニーランドのバイト」
[96] Livedoor NEWS「ディズニーに再燃する過酷な労働（2014 年 6 月 22 日）」2016 年 4 月 26 日　アクセス http://news.livedoor.com/article/detail/8964661/

ージマネージャーから受けていた」「オリエンタルランドが技術指導を行っている。オリエンタルランドが用意した台本、振り付け通りにやらなければ注意されます。ショーの出演者に裁量権はなく、アドリブは原則禁止だった」「リハーサル後に、オリエンタルランドがリハーサル参加者の中から出演可能者を選別していた」といった事実から、同年4月28日にオリエンタルランドユニオンの組合員は、オリエンタルランドにおける就業実態は「偽装請負」で職業安定法44条に抵触しているのではないかと東京労働局に申告した。これまでも出演者や従業員（キャスト）の使い捨て問題が報道されたことはあったが、当事者が声を上げるのは異例のことであった。パフォーマーによると「ショーの出演時間は1日5時間45分となっている。しかし、出演と出演の間の時間があるから、拘束時間はもっと長い。でもその時間は休憩時間とされて、賃金が支払われない。出演者に何かあったときのために待機している時間なのに、賃金の対象でないとされている」「契約時に約束した労働時間と実際の労働時間が違いすぎる。そのため、生活設計ができない」「シフトは6時間なのに、2時間で帰された。オープン準備したが、『客いないので帰って』と言われた」[97]。

　ダンサー労災認定問題では、TDRのパレードに参加していたダンサーが怪我をしたものの、業者を間に挟んだ業務請負契約だったことから、オリエンタルランドは「ダンサーとは雇用契約を締結しているわけではない」と主張したが、勤務実態から労働者性が認められ、業務上労災と認定されるに至った。オリエンタルランドはダンサーなどの数百人のパフォーマーに関して業務請負契約から直接雇用へ移行するものと見られたが、現実にはパフォーマーの多くは、業務請負契約が続いている。「2007年に問題視されたダンサー部門の一部はその後、オリエンタルランドの直接雇用となりましたが、いまだに多くのパフォーマーはオリエンタルランドと業務請負契約をした中間業者と1年更新で業務請負契約を結ばざるを得ない不安定な状態にあります。それぞれが個人事業主で健康保険も自分で加入し、雇用保険も労災保険も適用対象外となっている人もいます」（オリエンタルランドユニオン）。同ユニオンによれば、オリエンタルランドはパレードやショー運営に関しては、複数の中間業者と業務請負契約を結び、その中間業者がアルバイト情報誌などで人材を募集し、オリエンタルランドはその人材の中から選別し、パフォーマーとして教育してきた。「請負といいながら、オリエンタルランドが時間管理や技術指導を行っている。オリエンタルランドが用意した台本、振り付け通りにやらなければ注意されます。ショーの出演者に裁量権はなく、アドリブは原則禁止だった」（同ユニオン）ために、オリエンタルランドにおける就業実態は事実上の派遣形態をとっており、偽装請負と

---

[97] Business Journal「ディズニーリゾート、突然の解雇めぐり従業員が会社を告発、偽装請負と劣悪環境の疑い（2014年5月22日）」2016年4月20日アクセス　http://biz-journal.jp/2014/05/post_4918.html

して職業安定法44条に抵触している可能性も高まっていた。ユニオンは同年4月末に東京労働局に申告した。オリエンタルランドは、請負業者と請負契約を結んでいる「注文主」の立場にすぎず、雇用契約も指揮命令関係もなければ、労務管理にも関与していないので「使用者」ではないという理由で同ユニオンの団体交渉を拒否している。「オリエンタルランドは、これまでも見てみぬふりを続けてきました。最小限の人数で回すことを余儀なくされた現場はブラック企業化し、疲弊しています。疲弊しているうえにパフォーマーは怪我をしても自己責任で、『怪我をして動けないのなら仕事を辞めろ』『妊娠したら仕事を辞めろ』などと中間会社から言われ、泣き寝入りして辞めていく人が多い。オリエンタルランドに直接相談しようものなら、契約先の中間会社の社長から『俺の顔をつぶす気か』と恫喝する電話がかかってきた人もいます。最近は景気がよくなったためにアルバイト応募者も減ってきており、ますます現場は苦しくなっている」（同ユニオン）。同ユニオンはTDR全体の労働環境の改善も要望している。「多くの準社員（アルバイト）も条件は悪い。その契約書には労働日、労働時間が明記されておらず、労働日の2週間前にシフトが通知されるフリーシフトになっています。これはオリエンタルランドにとって都合のいい契約で、客の混雑具合や人件費予算を勘案して、人員を手配・配置できるのです。当然ながら、これでは働く側にとってはたまりません。直接雇用されている準社員からもコスト削減最優先のために『契約時に約束した労働時間と実際の労働時間が違いすぎる。そのため、生活設計ができない』『シフトは6時間なのに、2時間で帰された。オープン準備したが、「客がいないので帰って」と言われた』などの相談が寄せられています」（同ユニオン）。オリエンタルランドはコストカット重視で、ここ数年はエンターテインメント関係を中心に製作費が大きく削られている。オリエンタルランドの財務諸表を見ても唯一大きく削減されているのは売上原価、なかでも、「エンターテインメント・ショー製作費」である。同製作費が最も多かったのが2009年3月期で154億円であった。ところが、最新の2014年3月期では55億円と、ほぼ3分の1にまで削減されている。米ディズニー社に支払うロイヤリティーが221億円から271億円と2割増であるのと比べても、大幅に減っていることがわかる。こうしたコストカットが労働環境を悪化させ、ひいてはパフォーマンスに悪影響が出る。「パレードやパフォーマンスも、かつてと比べると配置される人数が激減しています。ディズニーファンからすれば明らかに魅力が落ちており、不満の声も出てきているほどです。オリエンタルランドにとっては、話題の新しい映像ショー（キャッスルプロジェクショ

ン）はパレードなどと比べて人件費を大幅に削減できることも魅力なのでしょう」（同ユニオン）[98]。

　おそらく、オリエンタルランド正社員の給与・賞与は人件費であるが、派遣や請負労働者の給与は「エンターテイメント・ショー制作費」から支払われるようである。

5．新しい非正規労働組合「オリエンタルランドユニオン」結成

　2014年2月3日、新しい非正規労働組合が結成された。組合名はオリエンタルランドユニオンである。同ユニオンはHPを持たず、Twitterアカウントを持っている（Twitterアカウント：@OlcUnion）。そのトップページには、「オリエンタルランドユニオンはオリエンタルランドで働く人ならば、雇用形態（パート、派遣、個人事業主など）関係なく、加入できる労働組合です。」とある。つまりオリエンタルランドの正社員や安定した契約社員ではなく、弱い立場の従業員が加入するようである。トップ画面に次の紹介文が添付されている。

□□

オリエンタルランドユニオン（原文のまま掲載）

　2016年4月21日アクセス

　http://park22.wakwak.com/~nanohana/orientalland/orientalland.html

　オリエンタルランドユニオンは、2014年2月3日、請負業者と雇用契約を結びOLCのショーに出演していたパフォーマーが雇い止め＝解雇されたことを機に結成しました。

　OLCが「ショーのリニューアルオープン」を理由としパフォーマーを解雇したことに対し、OLCにおける「偽装請負」の実態を告発し、OLCに直接雇用を求め団体交渉を求めました。しかし、OLCは、請負業者と請負契約を結んでいる「注文主」であって、ショーに出演していた組合員との間に雇用契約はなく、指揮命令関係もなく、就業時間や休憩時間の設定をはじめとする労務管理に関与していないので、『使用者』ではないという理由で、団体交渉を拒否したので、東京都労働員会に不当労働行為の申立をしました。

　ユニオンは、"夢と魔法の国"で何が起きているかを知らしめ、問題解決へのご支援・ご協力を求め、2014年3月19日から月（舞浜駅近くの交差点）・金（本社前）の朝、宣伝・要請行動

---

[98] livedoor NEWS「ディズニーに再燃する過酷な労働（2014年6月22日）」2016年4月26日　アクセス
http://news.livedoor.com/article/detail/8964661/

に取り組みました。12月19日〜25日の間は、全日建連帯労働組合の支援を受けて、毎朝、宣伝カーを使っての宣伝活動に取り組みました。

2014年6月27日の株主総会でも宣伝をし、「チラシをみた。早期の問題解決を」と株主二人が発言してくれました。市川・浦安地域の労働組合OBや市民活動に関わっている方々の毎週月曜日の宣伝活動への参加など、支援の輪は広がりました。雑誌やユーチューブなどでもたくさん取り上げていただきました。

多くの方々のご支援を受けて、パフォーマーの解雇問題は、2015年8月に解決しました。

現在、ユニオンにはOLCと雇用契約を結び働くキャスト（パート・アルバイト）や出演者の方々も組合に加入し、労働条件の問題について改善・解決を図っています。

（1）毎月・毎日定まらない不安定な就業時間、（2）有給休暇（突発休）の取得、（3）6時間以上働くときの休憩取得、などを交渉で改善しました。

また、キャストのパワハラによる解雇、25年間働き続けた出演者の解雇も交渉で改善・解決を図りました。

15春闘では、OLC初の非正規春闘に取り組みました。ゼロ回答でしたが、要求をつくる過程で組合員以外の方々からも意見を聞き、要求に反映できました。

オリエンタルランド・ユニオンのたたかいは、今も続いています。

OLCの経営状況は右肩上がりで純利益は2011年から急激に増加しています。2010年の純利益は229億、利益率6.4%、2015年の純利益は720億、利益率は15.5%です。しかし、その間、2万人いる非正規雇用者の時給は1円も上がっていません。予算削減により、ショーやパレードの規模は小さくなり、アトラクションだけでなく、トイレやレストランにも行列ができ、地べたに座り込んで食べるお客さん。夢の国とはかけ離れた状態になっています。

オリエンタルランド・ユニオンのモットーは、「キャストを使い捨てするな！ゲストの夢を守りたい！」です。

OLCで働くキャスト・出演者などの皆様！

誰からの相談も受けます！いつでも相談にのります！　一緒に声をあげましょう！

□□□

上記をまとめると次のようになる。2014年にショーのダンサーが解雇されたことをきっかけに同組合は結成された。パフォーマーは偽装請負であった。偽装請負は法律で禁止されている。オリエンタルランドに団体交渉を申し込んだが、使用者ではないという理由で団体交渉を

拒否された。そこで東京都労働委員会に不当労働行為の申立をした。同組合は2015年春闘でオリエンタルランド初の非正規春闘を行い、ゼロ回答であった。同組合は活発に活動している。ゼロ回答とは、給与アップがゼロとオリエンタルランドが回答したという意味である。

　オリエンタルランドのおとなしく従順な御用組合は「オフス：OFS：Oriental Land Friendship Union：オリエンタルランド・フレンドシップ・ユニオン」である。この御用組合がオリエンタルランドの正規の労働組合である。この名前を付けるということは、オリエンタルランドと労働組合はお友達（フレンドシップ）という意味なのだろう。

　2014年のオリエンタルランドの有価証券報告書（6頁）の「(3)労働組合の状況」によると、「2014年3月31日現在の組合員数は2,500人で、UAゼンセン同盟に加盟しております。なお、連結子会社（一部 連結子会社を除く）につきましては現在労働組合は組成されておりません。労使関係は円満に推移しており、特記 すべき事項はありません。」と書いてある[99]。確かに、正規の労働組合OFSとは円満のようである。OFSに関しては、短編「『夢と魔法の王国』の御用組合」に詳しい。

６．パフォーマー正規雇用でパフォーマー数減少

　2013年になると別の問題が起きた。

　請負労働者であったパフォーマー達は正規雇用された。具体的には、オリエンタルランドはパフォーマーを人材子会社の社員とした。その子会社を吸収合併したので人件費が増加した。そのせいか、パレードでのパフォーマー数が減少した。桜美林大学ビジネスマネジメント学群の山口有次氏のゼミ生の卒論によると、周年イベント時のキャラクター数とダンサー数を比較したところ、2003年の20周年イベントではキャラクター50人、ダンサー120人だったのに対して、2013年の30周年イベントではキャラクター55人、ダンサー72人と0.6倍に減っている。キャラクター数は若干増えているが、ダンサーは減っている（週刊ダイヤモンド, 2014, 39頁）。

　キャラクターとはミッキーマウス等のぬいぐるみの中に入っている人で、ダンサーとは人間の姿のまま踊る人である。オリエンタルランドのショー開発部オーディション係でキャラクターとダンサーを募集している。2016年4月21日現在、同年5月15日締め切りで、ジャズ・バレエ（男女共通）、ヒップホップ・ジャズ他（男性のみ）を募集している。1次審査はダンス

---

[99] 株式会社オリエンタルランド有価証券報告書第54期（平成25年4月1日から平成26年3月31日）2016年4月20日アクセス　http://www.olc.co.jp/ir/pdf/y2014-04.pdf

審査、2次審査はダンス審査・体力測定、3次審査は面接である。オーディションには東京会場（東京ディズニーリゾート周辺）と大阪会場がある[100]。

キャラクターやダンサーの人件費が上がると、人数を減らすしかないようである。原資（人件費の総額）は同じなのでトレードオフである。これは推測であるが、カラフルなLEDの電極をたくさん着けて、パレードを大きく膨らませているのではないか。LED価格はだいぶ低下したことと、人間と違って正規雇用や社会保険を必要としないこと、今後の需要が読めないのに終身雇用が必要ないこと、など複数の理由が考えられる。

さらに悪いことに、2014年5月から夜のショーとしてシンデレラ城に映し出すプロジェクションマッピング「ワンス・アポン・ア・タイム」が導入された。プロジェクションマッピングとは映像と音声を見せるショーである。その制作費は約20億円である。この制作費はパフォーマーの正規雇用何人分であろうか。オリエンタルランドの弱みは、追加投資額が莫大で売上や利益を吹き飛ばすことにある。そのため売上高のわりに人件費が潤沢でないようである。

7．発見事項と考察

ここまで考察してきて次の点を発見した。

第1に、パフォーマーを正社員化したらパフォーマー数が減らされた。原資は同じである。今後労働問題に関心ある非正規労働者が増えて、非正規労働者が労働組合を結成し、労基署に通報するなど、以前なら無かった非正規労働者の先鋭化が進むと、一部の幸運な人だけが正社員化され、大多数の人は非正規のまま、しかも人数を減らして運営するようになるだろう。今後この傾向がより強くなるだろう。ジレンマである。華やかなLED電極を増やしたり、人によるパレードでなくプロジェクションマッピングなど映像のショーにするなど、別の手段を考えるようになるだろう。強いジレンマを抱えている。

第2に、テーマパーク事業は巨額の追加投資を常時必要とする過酷な事業である。利益が出たら人件費に使うのでは無く、追加投資に使う。他の製造業と同様である。テーマパーク産業は観光産業やサービス産業に属するが、装置産業でもある。発電所やNTTのような通信業と同様である。テーマパークの乗り物は工場のライン（ベルトコンベア）と同様で、毎日一日中稼働している。同じスピードで安定している必要があり、メンテナンスコストが必要である。売上の多くをメンテナンスや追加投資に回す必要がある。

---

[100] 2016年度東京ディズニーリゾートエンターテイナーオーディション開催 2016年4月21日アクセス
http://entertainer.olc.co.jp/

第3に、オリエンタルランドは一般的な大企業と同じで、正社員になるのは激戦である。しかしアルバイトとしては雇用はされやすい。それで正社員化を期待する、正社員を目指してよく働く、というメカニズムが生じているだろう。これはオリエンタルランドもウォルト・ディズニーも期待していなかったであろうが、たまたまアルバイトの動機付けとアルバイトから正社員登用というシステムがバブル崩壊後の日本のサービス産業に自然発生的にできあがっていた。それを見てオリエンタルランドでも正社員になれるのではないかと淡い期待を持ち、低賃金なのに熱心に働く。これはオリエンタルランドだけではなく、非正規雇用者の多い大企業ならば自然に働くメカニズムである。なお、キャスト（アルバイト）の動機付け、人材育成などについては中島（2013）に詳しい。

　第4に、2007年のダンサー労災認定問題を受けて、ダンサーは正規雇用されたが、一部のダンサーだけが対象であった。なぜだろうか。それには次の推測が成り立つ。それは、オリエンタルランドの役員か部長以上のクラスの人材が関連会社（ここではダンサーを派遣する下請け企業）に出向し、役員になっている。その人のお陰でその下請け企業が仕事を取ることができる。その権力または営業力ある人材の下請け企業の所属ダンサーがオリエンタルランドに正規雇用された、というストーリーである。またはオリエンタルランドの役員の子供が経営している下請け企業のダンサーをオリエンタルランドが正規雇用したというストーリーも考えられる。これは筆者の推測であるが、日本企業の多くはこのような仕組みになっている。それだけ成熟社会で仕事を取るのは難しいのである。既にどの職業も飽和している。供給過剰である。

　第5に、オリエンタルランドの二つの労働組合を比較すると表のようになる。オリエンタルランドの公式労組OFSはオリエンタルランド正社員を対象とし、おとなしく従順な御用組合である。役員は押しつけられた人や出世したい人がなるという日本企業の労組の特徴そのままと推測できる。オリエンタルランドの有価証券報告書では特記事項無しとあるので、団体交渉などはほとんど行われていないと推測できる。一方のオリエンタルランドユニオンは非正規労働者達が自発的に結成した非公式労組で、闘争する労組である。非正規労働者の正社員化や処遇改善を訴え、団体交渉を申し込んだが拒否された。オリエンタルランドのような日本の大企業は戦う労組に慣れていない。

表6：二労働組合の比較

労働組合名	特徴	性質	団体交渉	組合員	役員
OFS	オリエンタルランドの公式労組	おとなしく従順な御用組合	情報無し。おそらく無い。	オリエンタルランド正社員	おそらく押しつけられた人、出世したい人
オリエンタルランドユニオン	非正規労働者達が結成した非公式労組	闘争的、非正規労働者の待遇改善を主張	申し込んだが拒否された。	オリエンタルランドで何らかの形で働く非正規労働者	自主的、自発的に結成、初期メンバー、活発に活動

　第6に、オーディションで選ばれるパフォーマーは芸能人、舞台俳優と同じであるため、日本の大企業の正社員の性質に適さない。筆者は大学院生の頃、修士論文を書くためにオリエンタルランド正社員のA氏にインタビュー調査を行った。A氏によると、パフォーマー達は劇団四季など演劇やミュージカル、ダンスを専門とする人にオーディションを受けてもらう。つまり彼らは芸能人、舞台俳優と同じである。安定した大企業の正社員になれるはずがない。社会保険に加入してもらえるはずも無い。才能勝負の仕事である。人生は、夢と憧れを仕事にして不安定で才能勝負か、地味だけど安定した職に就いて、つまらないが別の楽しみを見つけるか、どちらかである。夢と憧れを仕事にして大企業の正社員になれること自体がおかしい。しかしながら、オリエンタルランドユニオンが問題にしているのはパフォーマー達の労働者性である。オリエンタルランドのシフトと台本に従い、裁量性（アドリブ）は無い。それなら労働者性は高いと言えるだろう。しかし一般的な俳優も舞台の練習時間は決まっており、台本に従い、アドリブはどのくらい許されているのか筆者は知らないが、一般的な俳優も労働者性は高いのではないか。

　企業名は明かせないが、オリエンタルランドの情報システムを担当した大手有名企業正社員のE氏がオリエンタルランド正社員から聞いたことによると、パフォーマーはディズニーの仕事をしたことをキャリアとして次の仕事を得ることができる。つまりキャリアの一つとして舞台、演劇、パフォーマンス、ダンスなどエンターテイメント産業の仕事でステップアップでき

る。オリエンタルランドで稼ぐのではなく、次のより良い仕事のための一段階、修行期間と考えてもいいのではないか。

8. まとめ

　本章では、「夢と魔法の王国」オリエンタルランドの影の部分である非正規雇用問題を考察した。ウォルト・ディズニーがバックステージと呼び、現在も世界中のディズニーランドでそう呼ばれている舞台裏の影を明らかにした。

　どんな職業でも舞台裏は苦労の連続であろう。その割に収入はそれほど多くない人が大多数であろう。ウォルト・ディズニーはバックステージを隠すように指示してきた。従業員によるブラック性の暴露には、今頃草葉の陰で怒っているだろう。ウォルト自身も、ヘビースモーカーでブランデー好きなど子供とその母親を主要顧客にする企業のトップとは思えない嗜好であったが、それらを隠してクリーンに見せていた。現在の日本では、グループアイドルの舞台裏を見せ、苦労しながら上に昇る姿が感動を呼び、ファンがつくようである。しかしウォルトはバックステージと呼んで裏方は絶対に見せない主義であった。戦後日本の労働者は企業とともに繁栄を目指し、労働組合活動で労働者の権利を主張することがほとんど無く、企業に忠誠を誓う従業員に変わった。しかし2010年代以降、ブラック企業という言葉が生まれ、非正規労働者が声を上げるようになってきつつある。今後の研究課題として、世界の「夢と魔法の王国」の労働問題の研究を続ける。

　最後に、ディズニーランドの光の部分で締めたい。

　アメリカンドリームをつかんだウォルト・ディズニーは子供の代でも大富豪、いわゆるセレブである。ウォルト・ディズニーは兄ロイ・ディズニーと共同で経営していた。弟ウォルトが芸術的でクリエイティブな業務を、兄ロイが法務、財務、経理、営業など企業経営を担当した。ウォルトは息子がいなかったため、兄ロイの息子ロイ・エドワード・ディズニー（Roy Edward Disney：1930-2009年）が跡を継いでディズニー社のトップマネジメントとなった。ロイ・エドワード・ディズニーは米FORBES（フォーブス誌）の「The 400 Richest Americans」（アメリカのトップ400人の大富豪）の2009年版に76歳で、第322位、純資産1.2億ドル（約120億円）、職業「Walt Disney[101]」と載っている。ロイ・エドワード・ディズ

---

[101] 「Walt Disney」とはこの場合、ウォルト・ディズニー・カンパニー（The Walt Disney Company、通称Walt Disney）である。

ニーは長期間ディズニー社の経営陣で大株主であった。しかしロイ・エドワード・ディズニーの死後、2012 年版のアメリカの大富豪リストに、ディズニー一家は誰も掲載されていない。

　ディズニー社の業績が上がるほど、大株主であるディズニー一家が配当金で儲かる仕組みである。個人経営として創業された企業の創業者一族が多数の株式を所有している場合、配当金で巨額の収入を得られる。その時の業績によって株の配当金が大きく変動する。これが資本主義と株式会社の仕組みである。

＜参考文献＞
- 　　中島　恵（2013）『東京ディズニーリゾートの経営戦略』三恵社
- 　　中島　恵（2014）『ユニバーサル・スタジオの国際展開戦略』三恵社

短編2　オリエンタルランド労組の初代チェアマンが役員に昇進

　伝統的な日本の大企業の労働組合は、出世する手段としていわゆるサラリーマン社会に浸透
している。短編『「夢と魔法の王国」の御用組合　−オリエンタルランドの労働組合』で、オリ
エンタルランドの労働組合OFS（オフス：Oriental Land Friendship Union）の発足の経緯を
述べた。前章『「夢と魔法の王国」の光と影　−オリエンタルランドの非正規雇用問題』では、
一般的な日本の労働組合の役員は押しつけられた人や出世したい人が選出される傾向が強いと
述べた。そこで、本編では報道されて氏名が分かっているOFS初代チェアマン、佐藤健司氏の
その後を追跡する。同氏以外の労働組合役員の氏名は公表されていないので不明である。

　検索したら、「佐藤健司」氏は同姓同名がたくさん出てきたため、「佐藤健司　オリエンタ
ルランド」で検索した。検索日は2016年8月28日である。
　結論から言うと、オリエンタルランドの佐藤健司氏は株式会社オリエンタルランドの取締役
と執行役員に昇進していた。
　オリエンタルランドの「株主通信2004年春夏号」（2004年3月31日現在）に役員リスト
があり「取締役　佐藤健司」と載っている[102]。
　2005年6月29日に第45回定時株主総会で取締役・監査役の新任・退任について発表され
た。それによると、取締役の佐藤健司氏は退任し、同年5月16日付で執行役員に就任した。同
氏は執行役員として「運営本部長委嘱、CS推進部担当、運営本部運営統括部長委嘱」となった
[103]。2008年3月25日、オリエンタルランドは役員と担当変更・委嘱、人事異動について発表
した。そこで同氏は「執行役員　運営本部長委嘱、CS推進部担当」となった[104]。
　同氏の情報はここまでしか載っていない。

　オリエンタルランドは三井不動産と京成電鉄の合弁会社であるため、典型的な日本的経営の
大企業である。日本的経営の三種の神器は①終身雇用、②年功序列、③企業内労働組合であ

---

[102] オリエンタルランドHP「株主通信2004年春夏号」（2004年3月31日現在）2016年8月28日アクセス
http://www.olc.co.jp/ir/annual/2004ss/coporate.html
[103] オリエンタルランドHP「取締役」2016年8月28日アクセス
http://www.olc.co.jp/resources/pdf/news/2005/2005062901.pdf
[104] オリエンタルランドHP「組織改正ならびに役員の担当変更・委嘱、人事異動について」（2003年3月25
日2016年8月28日アクセス　http://ke.kabupro.jp/tsp/20080328/431c1530_20080328.pdf

る。そしてその企業内労働組合はおとなしく従順な御用組合で、その役員は出世する傾向が強い。オリエンタルランドでも同様であることが明らかになった。

　オリエンタルランドで労働組合が結成されたのがバブル期の1987年、その時の初代チェアマン佐藤氏が取締役としてオリエンタルランドの株主通信に載ったは2004年のことである。そして2008年に執行役員に就任した。

　なお、佐藤氏が出世を目指して初代チェアマンを引き受けたのかは本編では不明である。押しつけられてチェアマンになったのかも不明である。筆者は同氏を批判していない。オリエンタルランドで仕事に邁進する中で、たまたま初代チェアマンと取締役と執行役員に縁があって就任したと推測できる。

短編3　ハリウッドでの解雇劇

1．はじめに

　ハリウッドは生き馬の目を抜く激しい産業社会である。ウォルト・ディズニーだけが激烈な戦いをしているわけではない。

　本編では、ハリウッドの解雇劇の壮絶さが垣間見える出来事を二つ紹介する。

2．元ユニバーサル・スタジオ従業員、一時解雇の怨恨で乱射事件

　1993年4月20日午前10時15分頃（ロサンゼルス時間）、ロサンゼルス郊外のユニバーサルシティにあるMCAの本社ビルで発砲事件があり、9人が負傷した。ユニバーサル・スタジオの元従業員が本社前庭で狩猟用ライフル銃を乱射した。犯人の男はその場で逮捕されたが、一時解雇されたことからの怨恨が原因と地元警察はみている[105]。

　MCAは映画やテーマパーク（ユニバーサル・スタジオ）を経営する総合娯楽産業で、松下電器産業が1990年に買収した。その後、カナダやフランス企業に買収され、さらにアメリカ企業に買収された。現在の社名をコムキャストNBCユニバーサルという。

　簡潔に言うと、ユニバーサル・スタジオの元従業員が首になったことを恨んで本社ビルで乱射事件を起こしたのである。アメリカでは珍しくない事件である。問題は、この乱射事件が起こった1993年に同社は松下電器に買収されて日本企業になっていた。

　一時解雇をレイオフ（Layoff）という。日本には無い制度である。アメリカの労働法では業績不振の時は従業員の一時解雇を認めている。企業の業績が戻ったらまた呼び戻される前提である。ハリウッドの映画会社大手でも当然のようにレイオフが行われている。日本の大手企業とは大きく異なる。ハリウッドでは、その会社と仕事をするのではなく、その人と仕事をする。だから優良企業に採用されただけでは安泰ではない。解雇されてから個人で仕事を取ってくることが可能である。そこは日本では難しいので、一長一短である。日本企業のように、真面目に働いていれば解雇されないことが前提にならない。しかし解雇されて企業名の肩書きを失っても実力があればその仕事はできる。日本のようにその企業の仕事なら何でもするのではなく、全員が専門職である。

---

[105] 1993/04/21 日本経済新聞　名古屋夕刊　社会面36頁「米ＭＣＡ本社ビル、元従業員発砲9人が負傷。」

138

ハリウッドでの仕事獲得は、裏の人間関係で全て決まる。このような怨恨乱射事件を起こすと今後仕事を得られるとは考えにくい。実力があればユニバーサル・スタジオ（当時のMCA）の従業員でなくとも仕事は得られる。

３．ルーカスフィルムの開発エンジニア解雇

　ルーカスフィルムは、ジョージ・ルーカス監督が1971年に設立した企業である。代表作「スター・ウォーズ」シリーズは、最先端の映像・音響技術を駆使して世界的大ヒット作となった。しかし2012年に米ウォルト・ディズニー社に買収され、ディズニー傘下の映画制作会社となった。買収額は40億5,000万ドル（約3,760億円）であった。ルーカスフィルムは2013年4月にゲームの自社制作を打ち切って、大作「スター・ウォーズ」の映画制作に注力した。事業戦略の転換で収益拡大を目指すと、米メディアが同月3日に報じた。自社制作を打ち切ったのはルーカスフィルムのゲーム制作部門「ルーカスアーツ」である。「スター・ウォーズ」関連の2作品の制作を中止した。そして開発エンジニアらを解雇した。ルーカスフィルムは今後、「スター・ウォーズ」関連など同社が抱える作品の利用権を、ディズニーグループ内外の他のゲーム会社に供与し、ルーカスフィルムは映画制作に専念する。ルーカスフィルムは2015年公開を目指し、「スター・ウォーズ」の7作目となる「エピソード7」の制作を進めていた。その後も9作目までの続編制作を計画しており、経営資源を映画に集中する。ルーカスアーツは1982年、ルーカスフィルムのゲーム開発部門として発足した。1990年代に冒険ゲーム「モンキーアイランド」シリーズなどで一時代を築いたが、その後は「スター・ウォーズ」や冒険映画「インディ・ジョーンズ」などルーカスフィルムが手掛ける大作を題材としたゲームの制作に留まっていた[106]。

　映画制作は当たり外れが巨大でギャンブル性が高い。映画をテーマにしたゲームの製作もおそらく当たり外れが大きくギャンブル性が高いのであろう。ディズニー社はコンテンツの二次利用、三次利用、国際展開によって収益を上げる複合巨大メディア企業である。ルーカスフィルムほどの知名度やブランド力があっても、ハリウッドビッグ6に買収されて傘下に入らなければ、資金力やヒットしなかった映画の損失を吸収できないようである。そうなると、ルーカスフィルムでも開発エンジニアを解雇することとなった。

---

[106] 2013/04/05 日経産業新聞3頁「米ルーカスフィルム、ゲーム制作打ち切り、映画専念で収益拡大。」

４．まとめ

このように、MCA（ユニバーサル・スタジオを経営する大手映画会社）やルーカスフィルムほどの実力があっても従業員を抱えきれなくなったら解雇することができる。収益性の高い事業に経営資源を集中させるため採算性の低い事業からは撤退する。そうすると当該事業の全員が解雇される。その後、元MCAや元ルーカスフィルムの肩書きを持って次の職を探すのである。あきらめて一般の仕事に就く人もいるだろう。それだと専門性の低いサービス業の店舗店員などになるケースが多いはずである。才能勝負の世界に飛び込んだのである。成功するか、成功しないである程度であきらめて地道な仕事を探すか、どちらかである。

第9章　USJの沖縄新テーマパーク計画撤回
ーキーファクターはカジノ事業可能かー

1．はじめに

　大阪市のユニバーサル・スタジオ・ジャパン（USJ）を経営する(株)ユー・エス・ジェイは2014年2月に沖縄に新テーマパークを作るとマスコミに発表した。しかし、ユニバーサル・スタジオ（US）はこれまでにUSソウル、US上海、USバルセロナまたはパリまたはロンドンを計画し、マスコミ発表後に撤回している（中島, 2014）。つまりユニバーサル・スタジオ新設の発表は当てにならないのである。

　特に沖縄では商圏が小さすぎる。東京ディズニーリゾート（TDR）でさえ、関東からの来場者が6～7割なので、関東外からの来場者は3～4割である。沖縄で、沖縄からの来場者が6～7割であればとても採算が取れない。沖縄にユニバーサル・スタジオはとても無理だろうと思っていた矢先に撤回が報道された。

　本章では、USJの沖縄の新テーマパーク計画発表から撤回までの経緯を明らかにする。テーマパークをUSJ、それを経営する企業を(株)ユー・エス・ジェイと表記する。

2．2020年開業を目指すとマスコミ発表

　2014年2月、(株)ユー・エス・ジェイがテーマパークの新設を国内外で検討していると発表された。事業拡大の背景にあるのはテーマパーク運営に対する自信であった。USJの2013年度の入場者数は開業した2001年度以来となる1,000万人突破がほぼ確実となっていた。USJは明確な戦略に基づき、集客力を高めてきた。森岡毅チーフ・マーケティング・オフィサーは「テーマパークを世界で最も効率的に運営できている」と述べている。森岡氏は「両輪戦略」と呼ぶマーケティング施策の指揮を執ってきた。両輪戦略の2つある車輪の1つは家族客の取り込みである。2012年春には敷地面積約3万平方メートルの大型エリア「ユニバーサル・ワンダーランド」を開き、スヌーピーやハローキティといった人気キャラクターのアトラクションを集め、幼児を連れた家族客を呼び込んだ。USJはそれまで「ジョーズ」や「ジュラシック・パーク」などハリウッド映画を題材にした迫力あるアトラクションのイメージが強く、家族連れには敬遠されがちだった。数十億円を投じた新エリアの開設でイメージを払拭し、客層を広げた。もう1つの車輪が独身の若い女性客をターゲットにしたことである。低年齢向けという印象が強まると、独身OLや女子大生の足は遠のきかねない。2013年度には後ろ向きに落下するジェットコースター「バックドロップ」を導入し、人気映画「スパイダーマン」を刷新し

た。さらにハロウィーンやクリスマスのイベントを拡大して集客に努めた。2010年度に750万人だった入場者数は開業10周年を迎えた2011年度に870万人、2012年度には975万人と2年連続で10%以上伸びた。2013年度も8-12月にかけて開業以来初めてとなる5カ月連続での100万人超えを達成した。アトラクションやイベントに投資を続ける中、2010年度から2014年1月まで計5回の値上げを実施した。大人の1日券は2010年度初めに5,800円だったが、6,790円へと値上げされた。客単価の上昇と入場者数の増加が重なり、USJの売上高が格段に上がった。2014年の後半にハリーポッターを新設しさらに入場者数を増やした。USJの敷地には「まだ拡張の余地はある」（森岡氏）が、一段の成長には関西の外に打って出る必要が出てきた[107]。

そこで沖縄に新施設を計画し始めたのである。森岡氏は「東京五輪が開催される2020年までのオープンを目指すには年内に着工しないといけない」とした。建設地は観光客に人気の高い沖縄美ら海水族館がある国営海洋博公園（沖縄県本部町）が有力であった。「ユニバーサル」のブランドは使わず、完全新規のパークにする。美しい自然や水族館などと連携した総合リゾート施設にする計画であった。(株)ユー・エス・ジェイは、地域を限定して特定の規制が緩和される国家戦略特区の活用も視野に入るが、政府の沖縄振興策と深く関係するため米軍普天間飛行場（同県宜野湾市）の移設問題の影響を受ける可能性もあった。海洋博公園までは高速道路が開通しておらず、慢性的な交通渋滞が課題であった。那覇空港から車で1時間半程度かかることもあり、同社はパーク建設にあたり沖縄県などに交通インフラ整備を求めた[108]。

3．カジノ計画

2015年3月、(株)ユー・エス・ジェイのグレン・カンペル社長が沖縄県に新たなテーマパークをつくる方針を伝えた。USJのような映画やテレビ番組をテーマとするのではなく、沖縄に合ったものを展開し、インバウンド（訪日外国人）も含めて考えるとした。2020年より早い開業を目指すと見られていた。新しいテーマパークの場所は明らかにしなかったが、米軍普天間基地の移設先、辺野古がある名護市の名護自然動植物公園（ネオパークオキナワ）が有力であった。(株)ユー・エス・ジェイの沖縄進出の狙いは、カジノ進出とみられていた。米ブルームバーグ（マスメディア）は2014年8月12日、(株)ユー・エス・ジェイがカジノ事業への進出を

---

[107] 2014/02/24 日経MJ（流通新聞）15頁「USJ、テーマパーク新設検討、家族と女性、集客に自信——映画以外も人気キャラ、イベントなど多彩。」
[108] 産経WEST「USJ沖縄新パークを左右するのは...普天間、交通インフラ、経営陣交代（2016年1月4日）」2016年4月19日アクセス　http://www.sankei.com/west/news/160104/wst1601040025-n1.htm

目指し、複数の海外事業者と共同事業に向けて交渉していると報じた。大阪では、大阪府と大阪市が大阪湾の人工島・夢洲（ゆめしま）地区をカジノ誘致の候補地として検討していた。(株)ユー・エス・ジェイのカジノ事業参入計画が報じられると、橋下徹市長が「USJ経営者と信頼関係がない。他の業者にやってもらいたい」と宣言した。大阪市はUSJに貸している土地の賃料値上げをめぐって係争中であった。そこで(株)ユー・エス・ジェイが狙いを定めたのが沖縄であった。カンペル社長は米ブルームバーグのインタビューで「沖縄県では名護市が市内に所有する自然動植物公園『ネオパークオキナワ』が具体的な開設候補地のひとつで、新しいテーマパークとIR（Integrated Resort：統合型リゾート）建設の両方の可能性を検討する」と語った。カンペル社長が新テーマパークの候補地や開業時期を明らかにしなかったのは、2014年11月の沖縄県知事選挙で仲井真弘多・前知事が落選したからであった。前知事時代には進出計画は順調に進み、2014年7月6日付琉球新報は、USJが名護市進出に向けて県と協議していると報じた。米軍普天間基地（沖縄県宜野湾市）の名護市辺野古沖への移設を容認していた仲井真氏は、USJ誘致に積極的であった。USJが新たな雇用を創出するので辺野古移設反対の地元の声を抑える狙いがあった。しかし3選を目指した仲井真氏は落選し、辺野古移設反対派の翁長雄志（おながたけし）氏が知事に当選した。これによって、2015年2月に公表されるはずだった候補地の発表は凍結された。代わって日本政府が全面的に乗り出してきた。菅義偉官房長官は3月18日、(株)ユー・エス・ジェイが沖縄に新たなテーマパークの創設を検討していることについて「沖縄の振興を考えたときに極めてインパクトがある」「政府としてはできる限りの支援をしたいとしっかり伝えてある」と述べた。政府が沖縄振興策の柱に据えていたのが、外国からの観光客を呼び込むためのカジノ設置と那覇空港の第2滑走路の整備であった。ただし、これは沖縄県が米軍基地の名護市辺野古沖への移設を受け入れることが絶対条件であった。辺野古移設が頓挫すれば、カジノ誘致と第2滑走路計画は白紙還元される。建前上では基地移設と経済振興は別物だが、実態はワンセットである。(株)ユー・エス・ジェイの新テーマパークは政治的マターの様相を呈した。カジノ法案（統合型リゾート整備推進法案）は2014年の臨時国会で廃案になった。超党派の国会議員でつくる「国際観光産業振興議員連盟」（会長・細田博之自民党幹事長代行）は統一地方選挙後に再提出し、当国会中の成立を目指していた。しかし、公明党が慎重な姿勢を崩しておらず、カジノ法案が成立するかどうかは微妙であった。3月19日付米ロサンゼルス・タイムズは「ユニバーサル・スタジオは実現することのないテーマパーク（構想）を世界各地で発表するという長い歴史を持っている」と皮肉った。2007年の韓国とドバイ、2008年のフィリピン、2010年のインドでの計画は、いずれも立ち消えになった。2012年に発表され、2018年開業予定のロシアの屋内テーマパークも、進展がほ

とんどないと伝えられた。(株)ユー・エス・ジェイの沖縄進出は、米軍基地の辺野古沖への移設とカジノ法案の成立にかかっていた[109]。

コムキャストに買収されトップ交代

2015年11月13日、米メディア大手コムキャストは(株)ユー・エス・ジェイの発行済み株式の51%を15億ドル（約1,840億円）で取得して子会社化したと発表した。2004年から(株)ユー・エス・ジェイCEOだったグレン・ガンペル氏は同月12日付で退社し、コムキャストグループのテーマパーク部門で財務戦略を担当していたジャン・ルイ・ボニエ氏が新CEOに就任した。株式はコムキャスト傘下のNBCユニバーサルが、米金融大手ゴールドマン・サックス（GS）などの既存株主から取得した。GSは残りの株式は引き続き保有する[110]。新CEOジャン・ルイ・ボニエ氏の新パークへの姿勢がはっきりしていないことへの懸念があった。計画を主導する森岡氏は「早急に方向性を結論づけたい」とした[111]。

この買収から(株)ユー・エス・ジェイはアメリカのコムキャストの指示に従うが、資金提供を受けられるように変わったと推測できる。

4．計画撤回と報道

2016年2月18日、沖縄県での新テーマパーク計画について撤回を含め検討していると報道された。親会社の米メディア大手・コムキャストは大阪のUSJに集中投資する意向で、新パークの採算性が専門家に疑問視されていることから、撤回に傾いたとみられた。(株)ユー・エス・ジェイは人気観光スポットの海洋博公園（沖縄県本部町）を中心に新パークを投資額600億円規模で予定していた。コムキャストは巨額の投資に見合う集客が見込めないと判断したようである。大阪のUSJでは2016年3月に約100億円をかけた新型コースターが完成した。新鮮さを保つために巨額の継続的な投資が必要となる。ボニエCEOは2016年2月1日の会見で「USJではアトラクションやレストランなどに大型投資を続ける」とUSJに集中投資する意向を示した[112]。

---

[109] livedoorNEWS「USJ、沖縄進出の裏の狙いはカジノ！早くも暗雲　カギ握る米軍基地移設と共倒れか（2015年4月22日）」2016年4月20日アクセス http://news.livedoor.com/article/detail/10033471/

[110] 産経WEST「USJのコムキャストへの売却完了　CEOにはボニエ氏就任　独自路線への影響注目（2015年11月13日）」2016年4月20日アクセス　http://www.sankei.com/west/news/151113/wst1511130084-n1.html

[111] 産経WEST「USJ沖縄新パークを左右するのは…普天間、交通インフラ、経営陣交代（2016年1月4日）」2016年4月19日アクセス　http://www.sankei.com/west/news/160104/wst1601040025-n1.htm

[112] 産経WEST「「USJ沖縄」撤回検討、採算取れぬと判断か　米の親会社、大阪で集中投資の意向（2016

グレン・ガンペル前CEOが2015年7月に沖縄県庁を訪れ、翁長雄志知事へ実現に協力を求めるなど地元との調整も進んでいた。しかし2013年11月にコムキャストが(株)ユー・エス・ジェイを買収し、新CEOボニエ氏は2016年2月1日、就任後初めての記者会見で沖縄の新パークについて「社内で議論、分析している」と述べるにとどめた[113]。

5．まとめ

　本章では、USJの沖縄の新テーマパーク計画発表から撤回までの経緯を明らかにした。

　アメリカのユニバーサル社ではなく、大阪の(株)ユー・エス・ジェイが沖縄県の人気観光エリアに新テーマパークを計画していたものの、撤回されたのである。その理由は採算が取れないと見られたことであった。しかし(株)ユー・エス・ジェイはアメリカのコムキャストに買収された。世界のユニバーサル・スタジオを経営する企業は買収と売却を繰り返し、非常に複雑で分かりにくい。それについては前著（2014）『ユニバーサル・スタジオの国際展開戦略』の第1章、第2章、第3章で詳しく説明している。ユニバーサル・スタジオを経営するユニバーサル社は、テレビ局大手NBCに買収され、NBCユニバーサル社となった。それがコムキャストに買収され、コムキャストNBCユニバーサル社となった。本社の立地はハリウッドの隣町ユニバーサルシティである。

　コムキャストNBCユニバーサルとはどのような企業だろうか。簡潔に言うと、メディア・コングロマリットである。こちらも前著（2014）に詳しい。テレビ、ケーブルテレビ、映画、テーマパーク、ホテルなどを経営する巨大企業である。ハリウッドの映画会社と同じ組織文化と考えられる。そうだとすると、売上至上主義、極端な能力主義である。一般的なアメリカ企業は会社に損失を出したら解雇される厳しい競争社会であるが、勝ち組の給与は驚くほど高い。そこから推測すると、採算性の低い沖縄県でのパーク経営を避けたのであろう。真の狙いはテーマパークではなく、カジノであった。

　カジノは利益率が高い事業である。カジノの利益で他の事業の不採算をカバーできるはずである。カジノはテーブルに椅子を配置し、一人のスペースは椅子一つ分で、一テーブルに一従業員を着けるだけでよい。日本のパチンコのような開発費や著作権使用料は不要である。古くなっても長く使える。短時間で大金を負ける客も多いはずである。しかしカジノは社会的に認

年2月18日）」2016年4月20日アクセス　http://www.sankei.com/west/news/160218/wst1602180096-n1.html

[113] 産経WEST「USJ沖縄新パーク、撤回を検討…巨額投資、採算見合わず（2016年2月18日）」2016年4月19日アクセス　http://www.sankei.com/west/news/160218/wst1602180040-n1.html

められにくい存在で、ギャンブル依存症や犯罪誘発など問題が多い。各国で政府規制が厳格である。日本でカジノ法案が物議を醸している。今後日本が観光立国を本格的に目指し、観光関連産業で生計を立てる人を増やすならば、カジノはキーファクターとなる。カジノを解禁してそれなりの経済効果を得たとしても、カジノ経営者に富が集中することは避けたい。ユニバーサル・スタジオ・シンガポールもカジノリゾートの一部であることを前著（2014）『ユニバーサル・スタジオの国際展開戦略』第7章にまとめた。カジノはリゾート経営になくてはならない存在になっていくだろう。

<参考文献>
- 　　中島　恵（2014）『ユニバーサル・スタジオの国際展開戦略』三恵社

短編4　USJに就職する方法

　本編では、ユニバーサル・スタジオ・ジャパン（USJ）に就職したいという相談をよく受けるので、お答えする。毎回下記にように説明している。多くの人にお知らせするため「USJに就職する方法[114]」というタイトルでブログに載せたらアクセス数が高いことに驚いたので本書にも載せることにした。

　USJに就職する方法は、

　１．新卒採用で狭き門を目指す。
　２．アルバイトから契約社員に、契約社員から正社員にはい上がる。

　以上、２つのルートがある。１の新卒採用はあまりにも狭き門なのでお勧めしない。オリエンタルランド（東京ディズニーリゾートを経営する企業）は就職先として大人気で、就職人気企業ランキングで上位に来る。オリエンタルランドに就職したい人は、おそらくUSJを第二希望にする。そうすると、オリエンタルランドを受ける人が大挙してUSJを受けるはずである。しかも、USJはオリエンタルランドほど大きい企業ではないので毎年新卒採用があるわけではない。あっても若干名とか、２～６名くらいがいいところである。エントリーするのはいいけど、採用されることを前提に進められない。他社を多く受けよう。なお、USJもディズニーリゾートも園内のキャスト（USJではクルーという）はアルバイトである。正社員の仕事ではない。

　現在の日本では、店に来たお客さんをさばく仕事はアルバイトの仕事である。楽しそうに見えるが、立ちっぱなし、歩きっぱなし、しゃべりっぱなしのハードな肉体労働である。テーマパークで遊ぶことが好きなことと、テーマパークで働くことは全く違う。テーマパークで遊ぶことが好きな人は趣味として楽しもう。

　これがUSJの新卒採用の募集要項である。

　https://job.axol.jp/13/c/usj/mypage/koza/36/detail?seq=119

　ここには①マーケティング職と②パークマネジメント職の二職種の募集がある。パークマネジメント職は園内のアルバイトのリーダーである。

---

[114] テーマパーク経営研究室　中島　恵ゼミナール「USJに就職する方法（2015年5月13日）」2016年5月25日アクセス　http://ameblo.jp/nakajima-themepark-labo/entry-11948450939.html

よく聞かれるが、自動車産業なら企業規模としては、オリエンタルランドがトヨタだとすると、USJは日産やホンダではなく三菱自動車だと思っていい。これは企業の大きさの比である。USJはとても三菱自動車に匹敵するような企業規模ではない。大企業に見えるが、実は中企業である。ここ5〜7年くらい好調なので、今後企業規模が拡大するかもしれない。USJを経営する(株)ユー・エス・ジェイは非上場企業なので、ディスクローズ（情報公開）する義務が無く、売上高が不明である。

続いて、2のアルバイトから正社員にはい上がる道であるが、こちらの方が現実的に可能である。それでも簡単な道ではない。少子化世代の高校や大学受験とは違う。今の大学生世代は中学高校の部活も少子化で少人数制となり、それほど競争が激しくなかったようであるが、条件のいい雇用を得るための競争は激戦である。

これがUSJのバイト募集のサイトである。http://crew.usj.co.jp/

USJでは常時何かのアルバイトを募集していると言って過言ではない。いつでも何かの部署に採用される可能性がある。このサイトにあるように、夕方から夜までのバイトはほぼ無いので、朝から一日8時間以上入れると言おう。学生の相談を受けると、授業が終わった夕方から夜の最終までの勤務を希望する人が多いが、そのような時間区分は募集が無い。

東京ディズニーリゾート（TDR）を経営するオリエンタルランドの正社員A氏にインタビューした際にアルバイト雇用について聞いた。
A氏「TDLもTDSも一番早いときは朝8時開園、一番遅いときは22時閉園です。そうすると、朝一番早い人が5時45分入り、一番遅い人は深夜12時過ぎに上がります。それでも電車で帰れる場所に住んでいる人が断然採用される率が高いです。」

TDRは従業員用の駐車場は無いため、自転車やバイクでの通勤は禁止されている。早朝や深夜に電車通勤できる場所に住んでいる人が採用されやすい。

続いて、USJのアルバイト採用に関して、大阪観光大学の学生からの情報が入ったので紹介する。和歌山県在住のその学生がUSJのアルバイト面接で「最終の電車は22:30です」と言ったら不採用になった。22:30の電車で帰宅するには、22時に上がる必要がある。22時までが勤務時間として、その時刻に上がれるほど日本企業は甘くない。その上この学生は「土曜日はゼミ活動があるので入れません」と言った。この人をアルバイトに雇うメリットがUSJに無い。別の奈良県在住の学生が「土曜は別のバイトがあるので入れません」と言ったら不採用にな

った。採用されるためには、土日祝日は朝から最終まで入れると言おう。実際はシフトの希望を出すときに調整できる。

　面接はあなたの都合を聞く場ではない。土日祝日を中心にアルバイト可能な人を選ぶ場である。アルバイト希望者は選ばれる立場にあり、USJは選ぶ立場にある。少子化で一人ひとりが優遇されすぎているせいか。ゆとり世代のせいか。働くと言うことのコンセプトを認識しよう。

　換言すると、アルバイトは能力の高い人、サービス精神豊かな人、笑顔のいい人を優先的に採るのではない。それらは採用後に訓練できる。訓練と言うよりも、個別のアルバイトが勤務中気をつけていればいいことである。訓練が伴う仕事能力ではない。それよりも、使い勝手のいい人を採用するのである。だからフリーターではいけない。

　ところが、2000年代に入って、サービス業が成熟化し、顧客の目が肥え、さらに人件費削減からアルバイトでも正社員並みの仕事を負わされるようになっている。現にTDRでは各アトラクションや店舗の店長（ワーキングリードという名称）もアルバイトである。新人アルバイトの訓練をする人もアルバイト（トレイナーという名称）である。TDRで2〜3年以上のアルバイト歴があり、アルバイトの管理職（ワーキングリード）や人材育成（トレーナー）の職歴があれば、サービス業への就職で有利になる。特にホスピタリティ重視の現場への採用に有利になる。元客室乗務員、元高級ホテルのフロントやコンシェルジュ従業員と並んでTDRの元キャストは有利になる。

第10章　クール・ジャパン・コンテンツとテーマパーク

1．はじめに

　テーマパークでは映画やアニメのコンテンツがアトラクションとして活用されている。1955年に開業した世界初のディズニーランド（カリフォルニア州アナハイム）では、世界で初めて一つのアニメ作品が一つのアトラクションとして創造され、人気を集めた。それ以降、テーマパークのアトラクションといえば、何らかのコンテンツの二次利用なのである。

　他方、筆者はある企業のある人から多角化計画でテーマパーク新設を構想しており、どうしたらいいか相談を受けた。その際、生まれて初めてテーマパーク新設について真剣に考える立場になった。どのようなコンテンツのテーマパークが魅力的か、集客につながるか考え、学生にアンケート調査をすることにした。

　筆者は2011年4月から2014年3月までの4年間、大阪観光大学の観光学部専任講師として教鞭を執っていて、クール・ジャパン・コンテンツが好きないわゆる「オタク」と鉄道ファンが急速に増えていることに気づいた。野球部、サッカー部、バスケットボール部、テニス部などの体育会系の学生の中にもオタクや鉄道ファンが多いことが判明した。筆者の大学時代にはオタクや鉄道ファンはほぼいなかった。2010年代になると、お洒落なファッションに身を包む都市部の大学生の中にもオタクや鉄がそれなりにいることに驚かされた。そこでテーマパーク関連アンケートと併せてオタクと鉄道ファンの種類と程度を調査することとした。彼らの中にはコンテンツ好きと乗り物好きが多いからである。

　本章では、クール・ジャパン・コンテンツのテーマパーク利用に関するアンケートを4大学で実施し、その結果を分析する。研究方法はアンケート調査である。

2．アンケート結果

　下記のアンケートを大阪観光大学観光学部（大阪府）、静岡大学情報学部（静岡県）、目白大学メディア情報学部（東京都）、東京経営短期大学総合経営学科（千葉県）の4大学の学生に授業内または期末試験内にアンケートをとっている。ご協力頂きありがとうございました。

2-1　大阪観光大学（N=190）

　アンケート実施日は2014年1月29日で、有効回答数190（N=190）であった。

　表1は各テーマパークに何回行ったことがあるかの調査である。同大学は大阪府内にあり、学生の大半は近畿地方在住である。そのためユニバーサル・スタジオ・ジャパン（USJ）に1

回以上行ったことがある人が 151 人いる。これは他の地域、特に北海道、東北、関東などに比べて高い数字と推測できる。東京ディズニーランド（TDL）に 1 回以上行ったことがある 109 人の 1.5 倍近い。ひらかたパーク（大阪府枚方市）に行ったことがある人が 47 人いる。これは大阪周辺に居住しているからであろう。志摩スペイン村（三重県志摩市）に 1 回以上行ったことがある人は 66 人、ナガシマスパーランド（三重県桑名市）に 1 回以上行ったことがある人も 47 人いる。関東地方で人気の富士急ハイランド（同 27 人）、三鷹の森ジブリ美術館（6 人）、藤子不二雄ミュージアム（6 人）と少ない。これは近畿地方独特の結果だろう。

表 1 ：各テーマパークの訪問回数（人数）

テーマパーク名＼回数	0回	1回	2回〜4回	5回〜	1回以上	合計
東京ディズニーランド	81	39	40	30	109	190
東京ディズニーシー	104	42	31	13	86	190
ユニバーサル・スタジオ	39	23	50	78	151	190
ひらかたパーク	143	31	7	9	47	190
ナガシマスパーランド	146	31	9	4	44	190
富士急ハイランド	163	22	5	0	27	190
八景島シーパラダイス	186	2	2	0	4	190
志摩スペイン村	124	40	22	4	66	190
ハウステンボス	157	25	7	1	33	190
三鷹の森ジブリ美術館	184	4	2	0	6	190
藤子不二雄ミュージアム	187	3	0	0	3	190
各地の鉄道博物館	158	20	3	9	32	190

＊重複の場合はノーカウント

　表 2 はもしあったら行ってみたい架空のテーマパークを答えてもらった。その際、「非常に行きたい」「行きたい」「1 回だけ行きたい」「どちらでもない」「行きたくない」の 5 段階評価とした。テーマパークなどレジャー産業では「1 回だけ行きたい」という需要が多い。そのため「初年度バブル」と「2 年目のジンクス」（2 年目から大幅減）に陥りやすい。1 回だけ行きたい人が多く、リピートが見込めないと開業後に危機に陥る。圧倒的 1 位は、北斗の拳、ドラゴンボール、幽遊白書、ワンピースなど少年ジャンプのテーマパークであり、1 回以上行きたい人が 81％となった。3 位は、あしたのジョー、巨人の星、サイボーグ 009、金田一少年の事件簿など少年マガジンのテーマパークで同 64％である。少年ジャンプと少年マガジンはコンテ

ンツの二大巨頭といえる。2位は、クレヨンしんちゃんのテーマパークで同66%である。同大学には中国人留学生が多いからかも知れない。全学の3割程度が中国人留学生であった。クレヨンしんちゃんは中国で大変人気が高いようである。

表2：行ってみたいテーマパーク（割合）

作品名＼興味度	非常に行きたい	行きたい	1回だけ行きたい	どちらでもない	行きたくない	1回以上
少年ジャンプ	37%	28%	16%	8%	11%	81%
少年マガジン	17%	26%	21%	24%	12%	64%
初音ミク	13%	18%	15%	23%	31%	46%
エヴァンゲリオン	19%	12%	26%	24%	19%	57%
プリキュア	9%	8%	18%	31%	34%	35%
セーラームーン	11%	12%	17%	26%	33%	41%
ゴルゴ13	11%	11%	22%	27%	29%	44%
クレヨンしんちゃん	16%	30%	20%	16%	18%	66%
仮面ライダー	13%	13%	20%	27%	28%	45%

　表3・4は、漫画、アニメ、アニメ映画、ゲーム、鉄道、コンピュータへの興味度である。「非常に興味ある」「興味ある」「少し興味ある」「どちらでもない」「あまり興味ない」「まったく興味ない」の7段階である。何らかの興味ありの人は、1位、漫画160人で86%、2位、アニメ156人で84%、3位、アニメ映画148人で80%となった。

表3：各分野への興味度

分野＼興味度	非常に興味ある	興味ある	少し興味ある	どちらでもない	あまり興味ない	興味ない	まったく興味ない	何らかの興味あり	合計
漫画	60	63	37	8	8	6	4	160	186
アニメ	66	67	23	13	9	5	3	156	186
アニメ映画	65	44	39	18	10	7	2	148	185
ゲーム	50	42	40	16	17	12	9	132	186
オンラインゲーム（PC）	27	32	31	30	29	15	22	90	186
オンラインゲーム（スマホ）	22	36	43	22	31	15	16	101	185
アニメの聖地巡礼	26	21	32	29	19	25	31	79	183
鉄道（撮影）	13	9	18	34	27	24	61	40	186
鉄道（乗車）	16	17	19	30	22	27	55	52	186
鉄道（音）	10	7	16	29	28	29	67	33	186
鉄道（時刻表）	7	13	20	28	22	30	66	40	186
鉄道（駅弁）	12	19	30	27	25	26	47	61	186
コンピュータ	34	33	34	36	11	16	22	101	186

表4：各分野への興味度

分野＼興味度	非常に興味ある	興味ある	少し興味ある	どちらでもない	あまり興味ない	興味ない	まったく興味ない	何らかの興味あり	合計
漫画	32%	34%	20%	4%	4%	3%	2%	86%	186
アニメ	36%	36%	12%	7%	5%	3%	2%	84%	186
アニメ映画	35%	24%	21%	10%	5%	4%	1%	80%	185
ゲーム	27%	23%	22%	9%	9%	6%	5%	71%	186
オンラインゲーム（PC）	15%	17%	17%	16%	16%	8%	12%	48%	186
オンラインゲーム（スマホ）	12%	19%	23%	12%	17%	8%	9%	55%	185
アニメの聖地巡礼	14%	11%	17%	16%	10%	14%	17%	43%	183
鉄道（撮影）	7%	5%	10%	18%	15%	13%	33%	22%	186
鉄道（乗車）	9%	9%	10%	16%	12%	15%	30%	28%	186
鉄道（音）	5%	4%	9%	16%	15%	16%	36%	18%	186
鉄道（時刻表）	4%	7%	11%	15%	12%	16%	35%	22%	186
鉄道（駅弁）	6%	10%	16%	15%	13%	14%	25%	33%	186
コンピュータ	18%	18%	18%	19%	6%	9%	12%	54%	186

【クロス集計結果】

表5・6・7は既存の各テーマパークの訪問回数x各テーマパークの訪問回数の人数、割合、順位である。1位、TDL、2位、USJであるがそれほど大きな差はない。

表5：各テーマパークの訪問回数x各テーマパークの訪問回数（人数）

各地の鉄道博物館	藤子不二雄ミュージアム	三鷹の森ジブリ美術館	ハウステンボス	志摩スペイン村	八景島シーパラダイス	富士急ハイランド	ナガシマスパーランド	ひらかたパーク	ユニバーサル・スタジオ	東京ディズニーシー	東京ディズニーランド	
22	2	5	27	51	3	24	33	34	101	78	109	東京ディズニーランド
11	2	5	23	44	3	18	30	31	76	86	78	東京ディズニーシー
28	3	5	32	63	4	24	41	45	151	76	101	ユニバーサル・スタジオ
11	2	1	14	33	2	9	18	47	45	31	34	ひらかたパーク
6	2	1	13	26	2	11	44	18	41	30	33	ナガシマスパーランド
6	2	1	6	11	1	27	11	9	24	18	24	富士急ハイランド
1	0	1	3	3	4	1	2	2	4	3	3	八景島シーパラダイス
10	1	4	19	66	3	11	26	33	63	44	51	志摩スペイン村
4	0	1	33	19	3	6	13	14	32	23	27	ハウステンボス
1	0	6	1	4	1	1	1	1	5	5	5	三鷹の森ジブリ美術館
1	3	0	0	1	0	2	2	2	3	2	2	藤子不二雄ミュージアム
32	1	1	4	10	1	6	6	11	28	11	22	各地の鉄道博物館

表6：各テーマパークの訪問回数 x 各テーマパークの訪問回数（割合）

	人数	東京ディズニーランド	東京ディズニーシー	ユニバーサル・スタジオ	ひらかたパーク	ナガシマスパーランド	富士急ハイランド	八景島シーパラダイス	志摩スペイン村	ハウステンボス	三鷹の森ジブリ美術館	藤子不二雄ミュージアム	各地の鉄道博物館
東京ディズニーランド	109		72%	93%	31%	30%	22%	3%	47%	25%	5%	2%	20%
東京ディズニーシー	86	91%		88%	36%	35%	21%	3%	51%	27%	6%	2%	13%
ユニバーサル・スタジオ	151	67%	50%		30%	27%	16%	3%	42%	21%	3%	2%	19%
ひらかたパーク	47	72%	66%	96%		38%	19%	4%	70%	30%	2%	4%	23%
ナガシマスパーランド	44	75%	68%	93%	41%		25%	5%	59%	30%	2%	5%	14%
富士急ハイランド	27	89%	67%	89%	33%	41%		4%	41%	22%	4%	7%	22%
八景島シーパラダイス	4	75%	75%	100%	50%	50%	25%		75%	75%	25%	0%	25%
志摩スペイン村	66	77%	67%	95%	50%	39%	17%	5%		29%	6%	2%	15%
ハウステンボス	33	82%	70%	97%	42%	39%	18%	9%	58%		3%	0%	12%
三鷹の森ジブリ美術館	6	83%	83%	83%	17%	17%	17%	17%	67%	17%		17%	17%
藤子不二雄ミュージアム	3	67%	67%	100%	67%	67%	67%	0%	33%	0%	0%		0%
各地の鉄道博物館	32	69%	34%	88%	34%	19%	19%	3%	31%	13%	3%	3%	

表7：各テーマパークの訪問回数 x 各テーマパークの訪問回数（順位）

	東京ディズニーランド	東京ディズニーシー	ユニバーサル・スタジオ	ひらかたパーク	ナガシマスパーランド	富士急ハイランド	八景島シーパラダイス	志摩スペイン村	ハウステンボス	三鷹の森ジブリ美術館	藤子不二雄ミュージアム	各地の鉄道博物館
東京ディズニーランド		2	1	4	5	7	10	3	6	9	11	8
東京ディズニーシー	1		2	4	5	7	10	3	6	9	11	8
ユニバーサル・スタジオ	1	2		4	5	8		3	6	9	11	7
ひらかたパーク	2	4	1		5	8	9	3	6	11	9	7
ナガシマスパーランド	2	3	1	5		7	9	4	6	11	9	8
富士急ハイランド	1	3	1	6	4		10	4	7	10	9	7
八景島シーパラダイス	2	3	1	6	6	8		2	8		11	8
志摩スペイン村	2	3	1	4	5	7	10		6	9	11	8
ハウステンボス	2	3	1	5	6	7	9	4		10	11	8
三鷹の森ジブリ美術館	1	1	1	5	5	5	5	4	5		11	5
藤子不二雄ミュージアム	2	2	1	2	2	2	9	7	9	9		7
各地の鉄道博物館	2	3	1	3	6	6	5	8	9	9		

　表8・9・10は、既存のテーマパークに行った人が架空のテーマパークに行きたいと回答した人数、割合、順位である。ほとんどの場合、1位、少年ジャンプのテーマパーク、2位、クレヨンしんちゃんのテーマパーク、3位、少年マガジンのテーマパーク、4位、エヴァンゲリオンのテーマパークである。

表8：各テーマパークの訪問回数 x 行ってみたいテーマパーク （人数）

	1回以上	少年ジャンプ	少年マガジン	初音ミク	エヴァンゲリオン	プリキュア	セーラームーン	ゴルゴ13	クレヨンしんちゃん	仮面ライダー
東京ディズニーランド	109	86	65	43	58	31	42	40	73	43
東京ディズニーシー	86	68	56	34	45	26	37	34	63	37
ユニバーサル・スタジオ	151	116	89	60	80	43	52	57	95	57
ひらかたパーク	47	42	31	15	27	12	16	18	30	15
ナガシマスパーランド	44	33	20	9	18	7	14	17	26	14
富士急ハイランド	27	23	17	11	15	9	13	14	23	14
八景島シーパラダイス	4	3	2	1	3	1	1	2	3	2
志摩スペイン村	66	50	35	22	36	13	21	22	39	23
ハウステンボス	33	26	18	10	16	10	13	9	22	10
三鷹の森ジブリ美術館	6	5	4	4	3	3	3	2	3	4
藤子不二雄ミュージアム	3	3	3	1	2	1	0	2	3	1
各地の鉄道博物館	32	23	19	17	21	12	12	16	16	14

表9：各テーマパークの訪問回数 x 行ってみたいテーマパーク （割合）

	1回以上	少年ジャンプ	少年マガジン	初音ミク	エヴァンゲリオン	プリキュア	セーラームーン	ゴルゴ13	クレヨンしんちゃん	仮面ライダー
東京ディズニーランド	109	79%	60%	39%	53%	28%	39%	37%	67%	39%
東京ディズニーシー	86	79%	65%	40%	52%	30%	43%	40%	73%	43%
ユニバーサル・スタジオ	151	77%	59%	40%	53%	28%	34%	38%	63%	38%
ひらかたパーク	47	89%	66%	32%	57%	26%	34%	38%	64%	32%
ナガシマスパーランド	44	75%	45%	20%	41%	16%	32%	39%	59%	32%
富士急ハイランド	27	85%	63%	41%	56%	33%	48%	52%	85%	52%
八景島シーパラダイス	4	75%	50%	25%	75%	25%	25%	50%	75%	50%
志摩スペイン村	66	76%	53%	33%	55%	20%	32%	33%	59%	35%
ハウステンボス	33	79%	55%	30%	48%	30%	39%	27%	67%	30%
三鷹の森ジブリ美術館	6	83%	67%	67%	50%	50%	50%	33%	50%	67%
藤子不二雄ミュージアム	3	100%	100%	33%	67%	33%	0%	67%	100%	33%
各地の鉄道博物館	32	72%	59%	53%	66%	38%	38%	50%	50%	44%

表10：各テーマパークの訪問回数 x 行ってみたいテーマパーク （順位）

	少年ジャンプ	少年マガジン	初音ミク	エヴァンゲリオン	プリキュア	セーラームーン	ゴルゴ13	クレヨンしんちゃん	仮面ライダー
東京ディズニーランド	1	3	5	4	9	7	8	2	5
東京ディズニーシー	1	3	7	4	9	5	7	2	5
ユニバーサル・スタジオ	1	3	5	4	9	8	6	2	6
ひらかたパーク	1	2	7	4	9	6	5	3	7
ナガシマスパーランド	1	3	8	4	9	6	5	2	6
富士急ハイランド	1	3	8	4	9	7	5	1	5
八景島シーパラダイス	1	4	7	1	7	7	4	1	4
志摩スペイン村	1	4	6	3	9	8	6	2	5
ハウステンボス	1	3	6	4	6	5	9	2	6
三鷹の森ジブリ美術館	1	2	2	5	5	5	9	5	2
藤子不二雄ミュージアム	1	1	6	4	6	9	4	1	6
各地の鉄道博物館	1	3	4	2	8	8	5	5	7

階層的クラスタリング

対象とした特徴量※興味度：低い0〜6高い

（アニメ関係）

- ・アニメの興味度
- ・アニメ映画の興味度

（ゲーム関係）

- ・ゲームの興味度
- ・オンライン PC ゲームの興味度
- ・オンラインスマホゲームの興味度

（コンピュータ関係）

- ・コンピュータの興味度

（鉄道関係）

- ・鉄道（撮影）の興味度
- ・鉄道（乗車）の興味度
- ・鉄道（音）の興味度
- ・鉄道（時刻表）の興味度
- ・鉄道（駅弁）の興味度

・階層的クラスタリング／ウォード法
・クラス多数については、いくつか試行錯誤して、クラスターの要約とデンドログラムと星座樹形図で確認しつつ決定し、6クラスターに分類する。

クラスター要約

　本章では、アニメや漫画への関心が高い人を「アニメオタク」、中程度の人を「アニメファン」、低い人を「非アニメオタク」と定義する。同様にして、ゲームに関心が高い人を「ゲームオタク」、中程度の人を「ゲームファン」、低い人を「非ゲームオタク」、コンピュータに関心が高い人を「コンピュータオタク」、中程度の人を「コンピュータファン」、低い人を「非コンピュータオタク」、鉄道に関心の高い人を「鉄道オタク」、中程度の人を「鉄道ファン」、低い人を「非鉄道オタク」と定義する。

　そして各クラスターの特徴ごとにクラスター名を付ける。

- **クラスター1**：アニメオタク、ゲームオタク、コンピュータオタク、鉄道オタク

  アニメ→高　　ゲーム→高　コンピュータ→高　　鉄道→高

  →命名：神クラスのオタク

- **クラスター2**：アニメオタク、ゲームオタク、コンピュータオタク、鉄道ファン

  アニメ→高　　ゲーム→高　コンピュータ→高　　鉄道→中

  →命名：准神クラスのオタク

- **クラスター3**：アニファン、ゲームファン、コンピュータファン、鉄道ファン

  アニメ→高中　ゲーム→中　コンピュータ→中高　鉄道→中

  →命名：コンテンツ全領域ファン＆鉄

- **クラスター4**：アニメオタク、ゲームオタク、コンピュータファン、非鉄道オタク

  アニメ→高　　ゲーム→高　コンピュータ→中　　鉄道→低

  →命名：コンテンツオタク

- **クラスター5**：アニメファン、ゲームファン、コンピュータファン、非鉄道オタク

  アニメ→高中　ゲーム→中　コンピュータ→中　鉄道→低

  →命名：コンテンツファン

- **クラスター6**：非アニメオタク、非ゲームオタク、非コンピュータオタク、非鉄道オタク

  アニメ→低　　ゲーム→低　コンピュータ→低　　鉄道→低

  →命名：非オタク趣味

樹形図

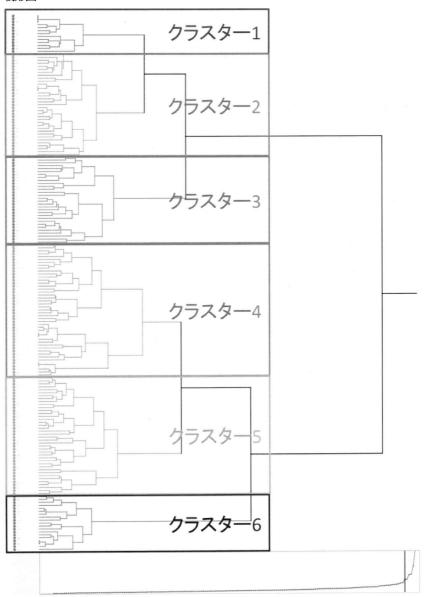

星座樹形図

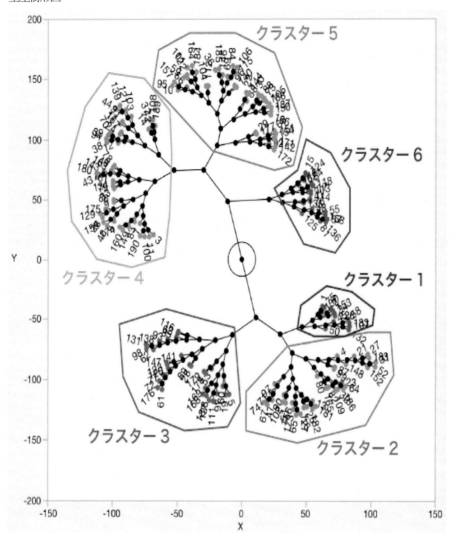

クラスター要約

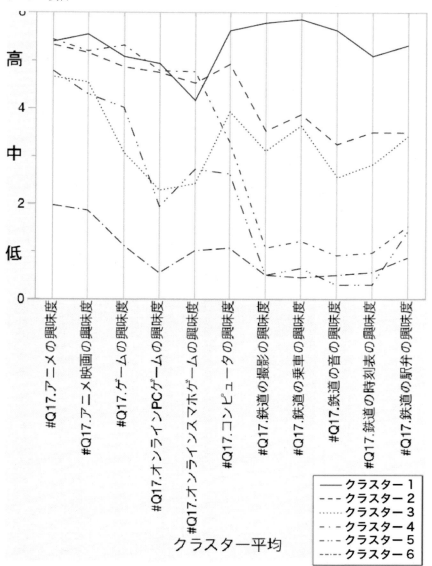

クラスター平均

表中のエリアの解釈

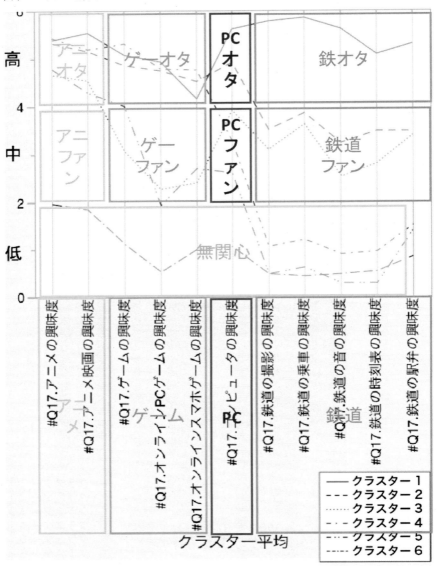

2-2 静岡大学 (N=85)

静岡大学情報学部でアンケート実施日は2016年6月28日、有効回答数85人 (N=85) であった。

Q.各テーマパークの訪問回数（人数）

テーマパーク名＼回数	0回	1回	2回～4回	5回～	1回以上
東京ディズニーランド	8	21	31	25	77
東京ディズニーシー	23	25	25	12	62
ユニバーサル・スタジオ	33	23	22	7	52
ひらかたパーク	79	4	1	1	6
ナガシマスパーランド	42	22	15	6	43
富士急ハイランド	47	23	10	5	38
八景島シーパラダイス	58	15	9	3	27
志摩スペイン村	59	17	7	2	26
ハウステンボス	69	13	2	1	16
三鷹の森ジブリ美術館	66	16	2	1	19
藤子不二雄ミュージアム	82	2	0	1	3
各地の鉄道博物館	64	11	6	4	21
遊園地パルパル（浜松）	45	13	17	10	40

Q.各テーマパークの訪問回数（割合）

テーマパーク名＼回数	0回	1回	2回～4回	5回～	1回以上
東京ディズニーランド	9%	25%	36%	29%	91%
東京ディズニーシー	27%	29%	29%	14%	73%
ユニバーサル・スタジオ	39%	27%	26%	8%	61%
ひらかたパーク	93%	5%	1%	1%	7%
ナガシマスパーランド	49%	26%	18%	7%	51%
富士急ハイランド	55%	27%	12%	6%	45%
八景島シーパラダイス	68%	18%	11%	4%	32%
志摩スペイン村	69%	20%	8%	2%	31%
ハウステンボス	81%	15%	2%	1%	19%
三鷹の森ジブリ美術館	78%	19%	2%	1%	22%
藤子不二雄ミュージアム	96%	2%	0%	1%	4%
各地の鉄道博物館	75%	13%	7%	5%	25%
遊園地パルパル（浜松）	53%	15%	20%	12%	47%

Q.行ってみたいテーマパーク（人数）

作品名＼興味度	非常に行きたい	行きたい	1回だけ行きたい	どちらでもない	行きたくない	1回以上
少年ジャンプ	11	19	15	23	17	45
少年マガジン	3	8	15	32	27	26
初音ミク	11	8	21	17	28	40
エヴァンゲリオン	12	6	16	22	29	34
プリキュア	11	3	8	20	43	22
セーラームーン	5	3	10	27	40	18
ゴルゴ13	2	6	14	26	37	22
クレヨンしんちゃん	4	5	18	26	32	27
仮面ライダー	5	11	10	24	35	26

Q.行ってみたいテーマパーク（割合）

作品名＼興味度	非常に行きたい	行きたい	1回だけ行きたい	どちらでもない	行きたくない	1回以上
少年ジャンプ	13%	22%	18%	27%	20%	53%
少年マガジン	4%	9%	18%	38%	32%	31%
初音ミク	13%	9%	25%	20%	33%	47%
エヴァンゲリオン	14%	7%	19%	26%	34%	40%
プリキュア	13%	4%	9%	24%	51%	26%
セーラームーン	6%	4%	12%	32%	47%	21%
ゴルゴ13	2%	7%	16%	31%	44%	26%
クレヨンしんちゃん	5%	6%	21%	31%	38%	32%
仮面ライダー	6%	13%	12%	28%	41%	31%

　静岡県の静岡大学の学生は、東京ディズニーランド（TDL）に1回以上行ったことがある人は91％と高いが、その隣にある東京ディズニーシー（TDS）に1回以上行ったことがある人は73％と下がる。やはりTDRの主役はTDLなのかも知れない。TDSは二日目の余裕があったら入園するのかも知れない。浜松市の遊園地パルパルに1回以上行ったことがある人が40％いる。他の地域ではほとんどいない。

　静岡県から大阪への交通アクセスは良いが、USJやひらかたパーク（大阪府枚方市）に1回以上行ったことがある人が、大阪観光大学の学生と比べると低い。大阪観光大学の学生は観光学部の学生を対象としたため、観光、旅行、レジャー、イベント、鉄道、飛行機、空港などが好きな人が多いのかも知れない。

Q.各分野への興味度（割合）

分野＼興味度	非常に興味ある	興味ある	少し興味ある	どちらでもない	あまり興味ない	興味ない	まったく興味ない	何らかの興味あり
漫画	28%	20%	27%	8%	5%	8%	4%	75%
アニメ	28%	19%	26%	7%	8%	8%	4%	73%
アニメ映画	24%	22%	21%	8%	6%	11%	8%	67%
ゲーム	22%	32%	22%	4%	2%	7%	11%	76%
オンラインゲーム（PC）	18%	20%	18%	11%	13%	8%	13%	55%
オンラインゲーム（スマホ）	8%	26%	20%	12%	16%	16%	7%	54%
アニメの聖地巡礼	12%	13%	7%	8%	9%	15%	35%	32%
鉄道（撮影）	4%	0%	6%	6%	9%	25%	51%	9%
鉄道（乗車）	6%	7%	6%	9%	8%	16%	47%	19%
鉄道（音）	2%	0%	7%	5%	7%	16%	62%	9%
鉄道（時刻表）	4%	2%	4%	11%	5%	16%	59%	9%
鉄道（駅弁）	9%	7%	18%	8%	11%	9%	38%	34%
コンピュータ	19%	28%	32%	11%	5%	4%	2%	79%

Q.各分野への興味度（人数）

分野＼興味度	非常に興味ある	興味ある	少し興味ある	どちらでもない	あまり興味ない	興味ない	まったく興味ない	何らかの興味あり
漫画	24	17	23	7	4	7	3	64
アニメ	24	16	22	6	7	7	3	62
アニメ映画	20	19	18	7	5	9	7	57
ゲーム	19	27	19	3	2	6	9	65
オンラインゲーム（PC）	15	17	15	9	11	7	11	47
オンラインゲーム（スマホ）	7	22	17	10	14	14	6	46
アニメの聖地巡礼	10	11	6	7	8	13	30	27
鉄道（撮影）	3	0	5	5	8	21	43	8
鉄道（乗車）	5	6	5	8	7	14	40	16
鉄道（音）	2	0	6	4	6	14	53	8
鉄道（時刻表）	3	2	3	9	4	14	50	8
鉄道（駅弁）	8	6	15	7	9	8	32	29
コンピュータ	16	24	27	9	4	3	2	67

樹形図

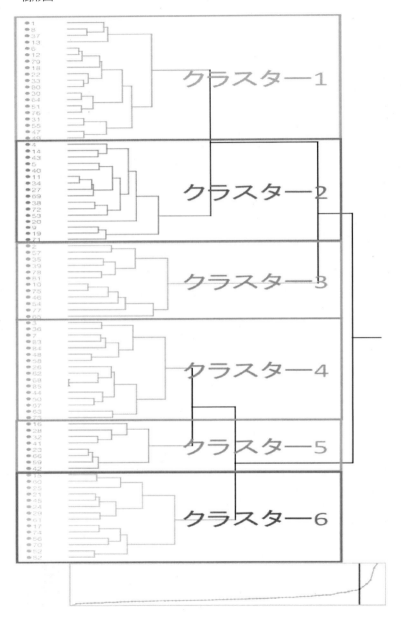

星座樹形図

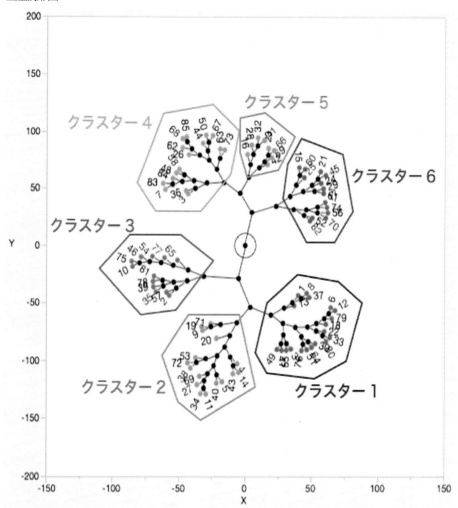

クラスター要約

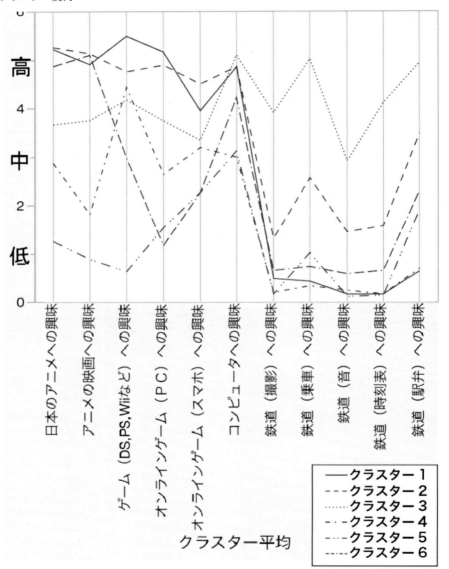

クラスター要約

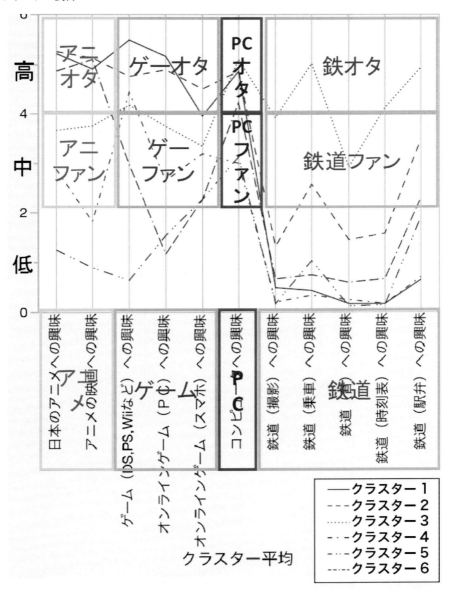

クラスター平均

鉄道マニアを鉄（てつ）と言い、乗車することが好きな鉄を「乗り鉄」、駅弁を食べることが好きな鉄を「食べ鉄」と言う。本章の定義ではなく、鉄道マニアの間でそう呼ばれている。

- **クラスター1**：アニメオタク、ゲームオタク、コンピュータオタク、非鉄道オタク
    - アニメ→高　ゲーム→高　コンピュータ→高　鉄道→低
    - →命名：フルコンテンツオタク
- **クラスター2**：アニメオタク、ゲームオタク、コンピュータオタク、乗り鉄＆駅弁ファン
    - アニメ→高　ゲーム→高　コンピュータ→高　鉄道→中低
    - →命名：フルコンテンツオタク＆ちょい鉄
- **クラスター3**：アニマファン、ゲームファン、コンピュータオタク、乗り鉄＆食べ鉄
    - アニメ→中高　ゲーム→中高　コンピュータ→高　鉄道→高低
    - →命名：コンテンツファン＆コンピュータオタク
- **クラスター4**：アニメファン、ゲームオタク、コンピュータファン、非鉄道オタク
    - アニメ→中低　ゲーム→中高　コンピュータ→中　鉄道→低
    - →命名：ややオタク
- **クラスター5**：スマホゲームファン、コンピュータファン、非鉄道オタク
    - アニメ→低　ゲーム→低高　コンピュータ→中　鉄道→低
    - →命名：ゲーム＆コンピュータファン
- **クラスター6**：アニメオタク、ゲームファン、コンピュータオタク、食べ鉄
    - アニメ→高　ゲーム→中低　PC→高低　鉄道→低
    - →命名：ややオタク＆食べ鉄

要約：平均

	1	2	3	4	5	6
鉄道の駅弁の興味度	0.83	3.62	4.92	0.59	1.78	2.38
鉄道の時刻表の興味度	0.33	1.62	4.08	0.12	0.11	0.63
鉄道の音の興味度	0.28	1.54	2.92	0.24	0.11	0.56
鉄道の乗車の興味度	0.94	2.23	5.00	0.12	0.89	1.00
鉄道の撮影の興味度	0.56	1.46	3.92	0.12	0.11	0.69
コンピュータの興味度	4.94	4.85	5.08	3.12	3.33	4.13
オンラインスマホゲームの興味度	3.28	5.08	3.33	3.94	2.00	2.31
オンラインPCゲームの興味度	5.28	5.00	3.75	2.82	1.78	1.38
ゲームの興味度	5.17	5.15	4.17	4.71	1.11	3.00
アニメ映画の興味度	5.11	5.08	3.75	2.24	0.89	4.88
アニメの興味度	5.44	5.23	3.67	3.12	1.22	4.81
アニメの聖地巡礼の興味度	4.17	3.62	2.58	0.24	0.00	2.00
漫画の興味度	4.72	5.38	3.50	4.29	1.33	4.69
数	18	13	12	17	9	16
クラスター	1	2	3	4	5	6

	1	2	3	4	5	6
遊園地パルパル（浜松）の訪問回数	2.39	2.75	0.54	0.92	0.00	1.41
各地の鉄道博物館の訪問回数	0.56	1.25	0.71	0.67	0.00	2.05
藤子不二雄ミュージアムの訪問回数	0.00	0.00	0.00	0.00	3.00	0.27
三鷹の森ジブリ美術館の訪問回数	0.17	1.25	0.54	1.00	0.00	1.59
ハウステンボスの訪問回数	0.83	0.75	0.93	0.92	1.00	0.09
志摩スペイン村の訪問回数	1.06	0.00	0.07	1.33	2.00	0.14
八景島シーパラダイスの訪問回数	0.11	0.00	0.07	0.17	3.00	1.27
富士急ハイランドの訪問回数	0.06	1.00	0.18	0.17	0.00	0.36
ナガシマスパーランドの訪問回数	0.50	0.00	0.11	0.00	3.00	0.36
ひらかたパークの訪問回数	0.06	0.00	0.04	0.00	3.00	0.00
ユニバーサル・スタジオの訪問回数	0.11	2.75	0.21	0.33	3.00	0.41
東京ディズニーシーの訪問回数	0.33	1.50	0.57	2.50	2.00	0.77
東京ディズニーランドの訪問回数	2.72	3.00	1.29	1.67	1.00	1.82
数	18	4	28	12	1	22
クラスター	1	2	3	4	5	6

クラスター	数	少年ジャンプのテーマパーク	少年マガジンのテーマパーク	初音ミクのテーマパーク	エヴァンゲリオンのテーマパーク	プリキュアのテーマパーク	セーラームーンのテーマパーク	ゴルゴ13のテーマパーク	クレヨンしんちゃんのテーマパーク	仮面ライダーのテーマパーク
1	8	1.50	1.75	0.63	0.75	1.88	3.88	1.50	2.25	0.88
2	20	2.90	1.70	1.05	1.10	0.90	1.05	2.35	2.15	1.60
3	9	3.33	3.00	2.67	2.56	2.89	2.78	3.22	3.22	3.22
4	19	0.47	0.00	0.11	0.21	0.11	0.00	0.16	0.53	0.16
5	8	2.75	0.13	1.38	0.13	0.00	0.13	0.25	0.00	1.13
6	21	1.10	1.00	1.43	1.14	0.71	0.52	1.29	1.29	0.86

2-3 目白大学 (N=113)

目白大学メディア情報学部で2016年6月28日にアンケート調査を実施し、有効回答数113人 (N=113) であった。

Q.各テーマパークの訪問回数（人数）

テーマパーク名＼回数	0回	1回	2回～4回	5回～	1回以上
東京ディズニーランド	1	8	34	70	112
東京ディズニーシー	6	19	39	49	107
ユニバーサル・スタジオ	62	27	17	7	51
ひらかたパーク	112	1	0	0	1
ナガシマスパーランド	106	6	0	1	7
富士急ハイランド	72	26	15	0	41
八景島シーパラダイス	54	34	23	2	59
志摩スペイン村	107	4	0	2	6
ハウステンボス	88	24	1	0	25
三鷹の森ジブリ美術館	90	17	6	0	23
藤子不二雄ミュージアム	108	5	0	0	5
各地の鉄道博物館	88	16	9	0	25
遊園地パルパル（浜松）	110	1	0	2	3

Q.各テーマパークの訪問回数（割合）

テーマパーク名＼回数	0回	1回	2回～4回	5回～	1回以上
東京ディズニーランド	1%	7%	30%	62%	99%
東京ディズニーシー	5%	17%	35%	43%	95%
ユニバーサル・スタジオ	55%	24%	15%	6%	45%
ひらかたパーク	99%	1%	0%	0%	1%
ナガシマスパーランド	94%	5%	0%	1%	6%
富士急ハイランド	64%	23%	13%	0%	36%
八景島シーパラダイス	48%	30%	20%	2%	52%
志摩スペイン村	95%	4%	0%	2%	5%
ハウステンボス	78%	21%	1%	0%	22%
三鷹の森ジブリ美術館	80%	15%	5%	0%	20%
藤子不二雄ミュージアム	96%	4%	0%	0%	4%
各地の鉄道博物館	78%	14%	8%	0%	22%
遊園地パルパル（浜松）	97%	1%	0%	2%	3%

Q.行ってみたいテーマパーク（人数）

作品名＼興味度	非常に行きたい	行きたい	1回だけ行きたい	どちらでもない	行きたくない	1回以上
少年ジャンプ	21	25	18	24	25	64
少年マガジン	7	17	22	35	32	46
初音ミク	7	15	5	34	52	27
エヴァンゲリオン	15	12	21	31	34	48
プリキュア	11	10	13	34	45	34
セーラームーン	14	12	21	30	36	47
ゴルゴ13	4	6	16	36	51	26
クレヨンしんちゃん	19	16	22	32	24	57
仮面ライダー	19	8	18	30	38	45

Q.行ってみたいテーマパーク（割合）

作品名＼興味度	非常に行きたい	行きたい	1回だけ行きたい	どちらでもない	行きたくない	1回以上
少年ジャンプ	19%	22%	16%	21%	22%	57%
少年マガジン	6%	15%	19%	31%	28%	41%
初音ミク	6%	13%	4%	30%	46%	24%
エヴァンゲリオン	13%	11%	19%	27%	30%	42%
プリキュア	10%	9%	12%	30%	40%	30%
セーラームーン	12%	11%	19%	27%	32%	42%
ゴルゴ13	4%	5%	14%	32%	45%	23%
クレヨンしんちゃん	17%	14%	19%	28%	21%	50%
仮面ライダー	17%	7%	16%	27%	34%	40%

Q.各分野への興味度（割合）

分野／興味度	非常に興味ある	興味ある	少し興味ある	どちらでもない	あまり興味ない	興味ない	まったく興味ない	何らかの興味あり
漫画	38%	17%	16%	10%	4%	5%	10%	71%
アニメ	39%	13%	15%	9%	7%	8%	9%	67%
アニメ映画	27%	21%	14%	11%	11%	9%	7%	63%
ゲーム	19%	8%	10%	10%	7%	18%	29%	36%
オンラインゲーム（PC）	27%	8%	15%	12%	12%	11%	14%	50%
オンラインゲーム（スマホ）	15%	7%	15%	14%	9%	16%	24%	37%
アニメの聖地巡礼	19%	17%	12%	9%	13%	11%	37%	49%
コンピュータ	22%	18%	25%	11%	12%	5%	8%	65%
鉄道（撮影）	1%	3%	8%	7%	12%	12%	62%	12%
鉄道（乗車）	3%	4%	7%	12%	16%	12%	48%	15%
鉄道（音）	3%	0%	3%	3%	12%	17%	58%	6%
鉄道（時刻表）	0%	2%	2%	5%	6%	12%	73%	4%
鉄道（駅手）	8%	7%	12%	15%	12%	8%	37%	27%

Q.各分野への興味度（人数）

分野／興味度	非常に興味ある	興味ある	少し興味ある	どちらでもない	あまり興味ない	興味ない	まったく興味ない	何らかの興味あり
漫画	43	19	18	11	5	6	11	80
アニメ	44	15	17	10	8	9	10	76
アニメ映画	31	24	16	12	12	10	8	71
ゲーム	21	9	11	11	8	20	33	41
オンラインゲーム（PC）	31	8	17	14	10	12	16	55
オンラインゲーム（スマホ）	17	8	17	16	10	18	27	42
アニメの聖地巡礼	22	19	14	10	15	12	21	57
コンピュータ	25	20	28	12	13	6	8	65
鉄道（撮影）	1	3	9	8	13	13	66	13
鉄道（乗車）	3	4	8	13	18	18	54	15
鉄道（音）	3	0	3	3	13	19	72	6
鉄道（時刻表）	0	2	2	6	7	14	82	4
鉄道（駅手）	9	8	14	17	14	9	42	31

樹形図

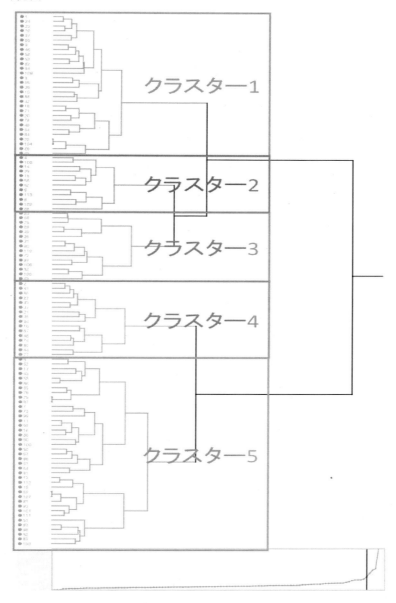

星座樹形図

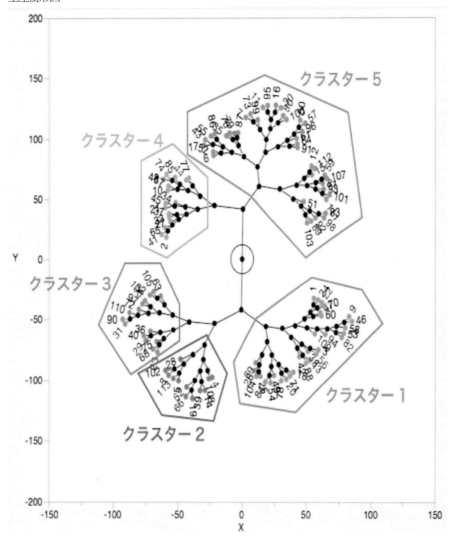

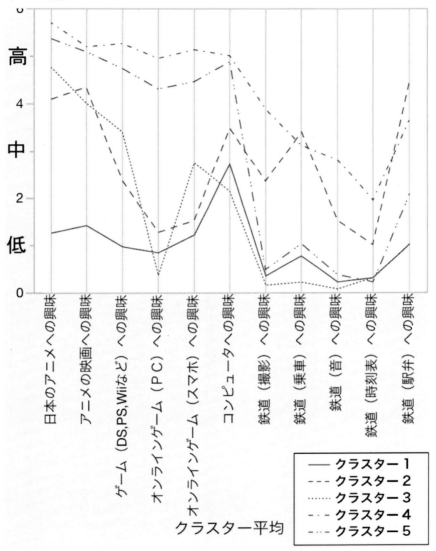

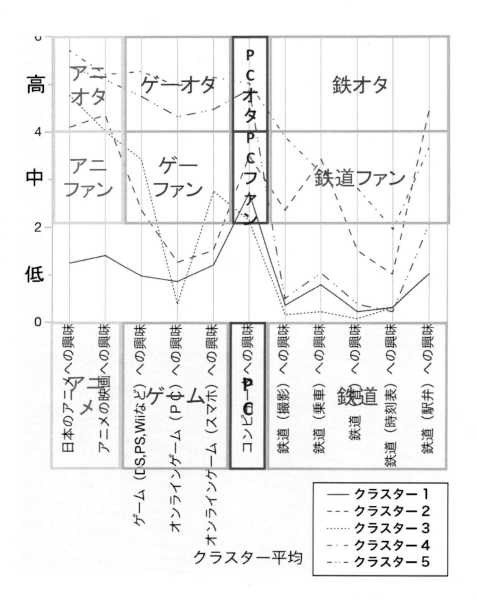

階層的クラスタリング／ウォード法

　クラスター数については、いくつか試行錯誤して、クラスターの要約とデンドログラムと星座樹形図で確認しつつ決定し、5クラスターになった。

・クラスター1：非アニメオタク、非ゲームオタク、コンピュータファン、非鉄道オタク

　　　　アニメ→低　ゲーム→低　コンピュータ→中　鉄道→低

　　　　→命名：コンピュータファン

・クラスター2：アニメオタク、ゲームファンコン、ピュータオタク、鉄道ファン

　　　　アニメ→高　ゲーム→低高　コンピュータ→中高　鉄道→中

　　　　→命名：アニメ＆コンピュータオタク

・クラスター3：アニメオタク、スマホゲームファン、コンピュータファン

　　　　アニメ→高中　ゲーム→中低　コンピュータ→中高　鉄道→中

　　　　→命名：アニメオタク

・クラスター4：アニメオタク、ゲームオタク、コンピュータオタク、鉄道ファン

　　　　アニメ→高　ゲーム→高　コンピュータ→高　鉄道→中

　　　　→命名：准神クラスのオタク

・クラスター5：アニメオタク、ゲームオタク、コンピュータオタク、非鉄道オタク

　　　　アニメ→高　ゲーム→高低　コンピュータ→高　鉄道→低

　　　　→命名：准神クラスのオタク but 非鉄道オタク

要約：平均

	1	2	3	4	5
鉄道の駅弁の興味度	1.06	1.32	4.58	3.63	1.90
鉄道の時刻表の興味度	0.39	0.16	1.17	1.94	0.20
鉄道の音の興味度	0.17	0.27	1.58	2.56	0.37
鉄道の乗車の興味度	0.44	0.62	3.50	3.38	1.03
鉄道の撮影の興味度	0.28	0.43	2.25	3.81	0.37
コンピュータの興味度	2.06	3.32	3.58	4.94	4.93
オンラインスマホゲームの興味度	1.11	2.24	1.58	5.19	5.00
オンラインPCゲームの興味度	0.61	1.57	1.50	4.81	4.40
ゲームの興味度	0.67	3.14	2.50	5.13	4.70
アニメ映画の興味度	0.39	1.27	2.42	4.44	4.33
アニメの興味度	1.11	3.38	4.33	5.31	5.27
アニメの聖地巡礼の興味度	0.61	3.86	4.08	5.81	5.53
漫画の興味度	0.44	4.57	4.00	5.38	5.43
数	18	37	12	16	30
クラスター	1	2	3	4	5

	1	2	3	4	5
遊園地パルパル（浜松）の訪問回数	0.19	0.03	0.14	0.00	0.00
各地の鉄道博物館の訪問回数	0.19	0.09	0.77	0.33	0.19
藤子不二雄ミュージアムの訪問回数	0.00	0.06	0.09	0.04	0.00
三鷹の森ジブリ美術館の訪問回数	0.31	0.20	0.27	0.46	0.00
ハウステンボスの訪問回数	0.25	0.20	0.41	0.13	0.19
志摩スペイン村の訪問回数	0.25	0.00	0.09	0.00	0.25
八景島シーパラダイスの訪問回数	2.13	0.26	0.36	1.33	0.19
富士急ハイランドの訪問回数	0.81	0.71	0.36	0.25	0.25
ナガシマスパーランドの訪問回数	0.25	0.06	0.09	0.04	0.00
ひらかたパークの訪問回数	0.00	0.00	0.05	0.00	0.00
ユニバーサル・スタジオの訪問回数	0.94	0.37	2.18	0.13	0.19
東京ディズニーシーの訪問回数	2.81	2.49	2.73	1.63	0.81
東京ディズニーランドの訪問回数	3.00	2.74	2.73	2.42	1.50
数	16	35	22	24	16
クラスター	1	2	3	4	5

クラスター	数	少年ジャンプのテーマパーク	少年マガジンのテーマパーク	初音ミクのテーマパーク	エヴァンゲリオンのテーマパーク	プリキュアのテーマパーク	セーラームーンのテーマパーク	ゴルゴ13のテーマパーク	クレヨンしんちゃんのテーマパーク	仮面ライダーのテーマパーク
1	43	0.47	0.60	0.26	0.72	0.37	0.91	0.33	1.21	0.65
2	28	2.79	1.57	0.54	1.46	1.14	1.57	0.82	1.36	0.96
3	18	2.39	1.94	1.17	1.56	1.50	1.33	1.39	3.22	3.28
4	10	3.90	1.80	3.60	2.70	1.00	1.00	1.00	1.90	1.80
5	14	2.79	2.50	2.43	3.00	3.50	3.36	2.14	2.36	2.43

2-4 東京経営短期大学 (N=57)

東京経営短期大学総合経営学科で2016年6月28日にアンケート調査を実施し、有効回答数57人 (N=57) であった。

Q.各テーマパークの訪問回数(人数)

テーマパーク名＼回数	0回	1回	2回～4回	5回～	1回以上
東京ディズニーランド	0	4	22	31	57
東京ディズニーシー	6	13	18	20	51
ユニバーサル・スタジオ	36	17	4	0	21
ひらかたパーク	52	5	0	0	5
ナガシマスパーランド	55	1	1	0	2
富士急ハイランド	33	19	3	2	24
八景島シーパラダイス	34	19	4	0	23
志摩スペイン村	56	1	0	0	1
ハウステンボス	49	6	2	0	8
三鷹の森ジブリ美術館	51	5	1	0	6
藤子不二雄ミュージアム	55	2	0	0	2
各地の鉄道博物館	51	6	0	0	6
遊園地パルパル(浜松)	55	2	0	0	2

Q.各テーマパークの訪問回数(割合)

テーマパーク名＼回数	0回	1回	2回～4回	5回～	1回以上
東京ディズニーランド	0%	7%	39%	54%	100%
東京ディズニーシー	11%	23%	32%	35%	89%
ユニバーサル・スタジオ	63%	30%	7%	0%	37%
ひらかたパーク	91%	9%	0%	0%	9%
ナガシマスパーランド	96%	2%	2%	0%	4%
富士急ハイランド	58%	33%	5%	4%	42%
八景島シーパラダイス	60%	33%	7%	0%	40%
志摩スペイン村	98%	2%	0%	0%	2%
ハウステンボス	86%	11%	4%	0%	14%
三鷹の森ジブリ美術館	89%	9%	2%	0%	11%
藤子不二雄ミュージアム	96%	4%	0%	0%	4%
各地の鉄道博物館	89%	11%	0%	0%	11%
遊園地パルパル(浜松)	96%	4%	0%	0%	4%

Q.行ってみたいテーマパーク（人数）

作品名＼興味度	非常に行きたい	行きたい	1回だけ行きたい	どちらでもない	行きたくない	1回以上
少年ジャンプ	12	24	6	9	6	42
少年マガジン	6	18	12	16	5	36
初音ミク	3	14	17	13	10	34
エヴァンゲリオン	2	17	9	18	11	28
プリキュア	6	16	7	20	8	29
セーラームーン	2	19	14	13	9	35
ゴルゴ13	2	12	3	26	14	17
クレヨンしんちゃん	4	14	13	18	8	31
仮面ライダー	6	13	5	19	14	24

Q.行ってみたいテーマパーク（割合）

作品名＼興味度	非常に行きたい	行きたい	1回だけ行きたい	どちらでもない	行きたくない	1回以上
少年ジャンプ	21%	42%	11%	16%	11%	74%
少年マガジン	11%	32%	21%	28%	9%	63%
初音ミク	5%	25%	30%	23%	18%	60%
エヴァンゲリオン	4%	30%	16%	32%	19%	49%
プリキュア	11%	28%	12%	35%	14%	51%
セーラームーン	4%	33%	25%	23%	16%	61%
ゴルゴ13	4%	21%	5%	46%	25%	30%
クレヨンしんちゃん	7%	25%	23%	32%	14%	54%
仮面ライダー	11%	23%	9%	33%	25%	42%

Q.各分野への興味度（割合）

分野＼興味度	非常に興味ある	興味ある	少し興味ある	どちらでもない	あまり興味ない	興味なし	まったく興味ない	何らかの興味あり
漫画	18%	21%	18%	7%	7%	25%	5%	56%
アニメ	21%	18%	19%	9%	14%	14%	5%	58%
アニメ映画	14%	19%	18%	14%	11%	16%	9%	51%
ゲーム	4%	5%	12%	12%	18%	30%	19%	21%
オンラインゲーム（PC）	12%	14%	16%	19%	14%	14%	11%	42%
オンラインゲーム（スマホ）	7%	7%	12%	26%	19%	14%	14%	26%
アニメの聖地巡礼	4%	7%	21%	12%	14%	16%	12%	26%
コンピュータ	11%	14%	23%	14%	18%	18%	12%	39%
鉄道（撮影）	2%	5%	5%	2%	12%	35%	44%	7%
鉄道（乗車）	2%	7%	5%	4%	11%	37%	39%	7%
鉄道（音）	0%	2%	5%	2%	11%	32%	49%	11%
鉄道（時刻表）	2%	0%	4%	2%	12%	26%	54%	5%
鉄道（駅弁）	2%	0%	5%	5%	11%	37%	40%	7%

Q.各分野への興味度（人数）

分野＼興味度	非常に興味ある	興味ある	少し興味ある	どちらでもない	あまり興味ない	興味なし	まったく興味ない	何らかの興味あり
漫画	10	12	10	4	4	14	3	32
アニメ	12	10	11	5	8	8	3	33
アニメ映画	8	11	10	8	6	9	5	29
ゲーム	2	3	7	7	10	17	11	12
オンラインゲーム（PC）	7	8	9	11	8	8	6	24
オンラインゲーム（スマホ）	4	4	7	15	11	8	8	15
アニメの聖地巡礼	2	8	12	11	8	9	7	15
コンピュータ	6	3	13	8	10	10	7	22
鉄道（撮影）	1	0	3	1	7	20	25	4
鉄道（乗車）	1	1	4	2	6	21	22	6
鉄道（音）	0	1	3	1	6	18	28	4
鉄道（時刻表）	1	0	2	1	7	15	31	3
鉄道（駅弁）	1	0	3	3	6	21	23	4

樹形図

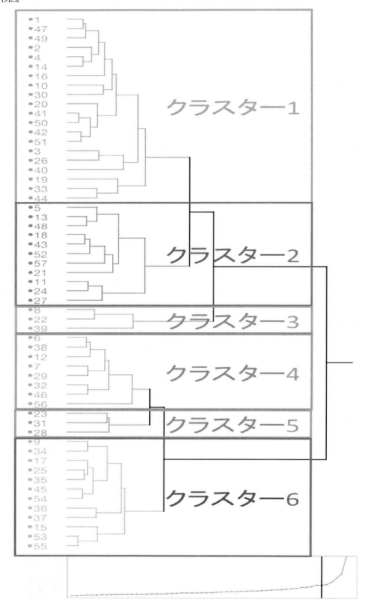

星座樹形図

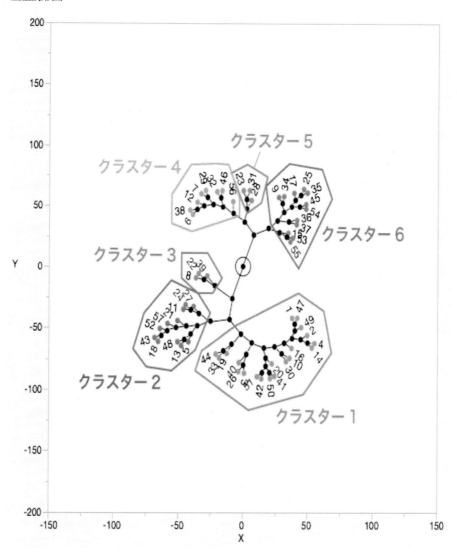

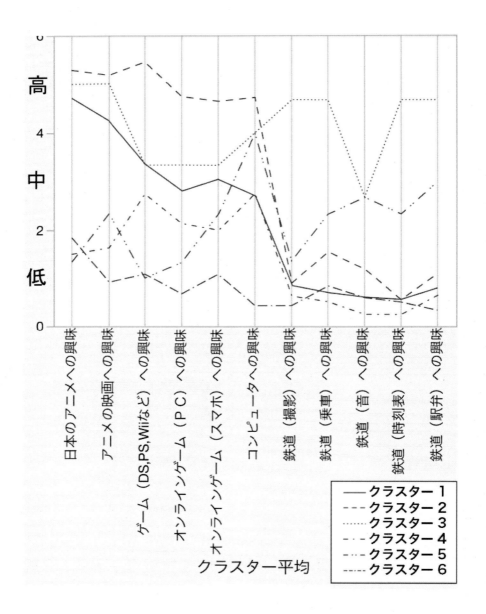

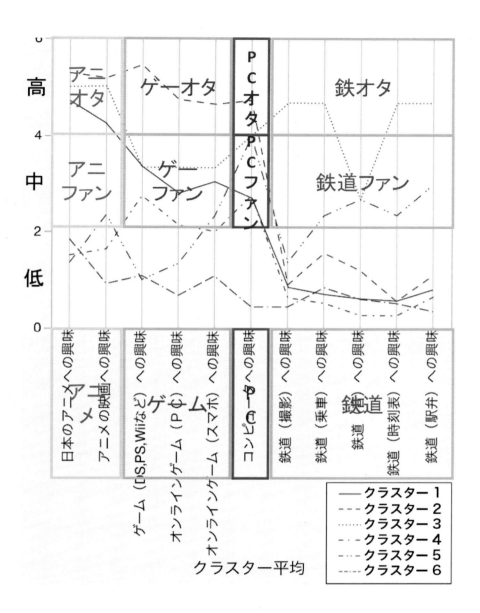

- **クラスター1**：アニメオタク、ゲームファン、コンピュータファン、非鉄道オタク
  アニメ→高低　ゲーム→中　PC→中低　鉄道→低
  →命名：アニメオタク&コンピュータファン
- **クラスター2**：アニメオタク、ゲームオタク、コンピュータオタク、非鉄道オタク
  アニメ→高　ゲーム→高　PC→高低　鉄道→低
  →命名：准神クラスのオタク
- **クラスター3**：アニメオタク、ゲームファン、コンピュータファン、鉄道オタク
  アニメ→高　ゲーム→中　PC→中高　鉄道→高
  →命名：コンテンツ全領域ファン
- **クラスター4**：非アニメオタク、ゲームファン、コンピュータファン、非鉄道オタク
  アニメ→低高　ゲーム→中低　PC→中　鉄道→低
  →命名：ゲーム&コンピュータファン
- **クラスター5**：アニメ映画ファン、スマホゲームファン、コンピュータファン，鉄道ファン
  アニメ→中低　ゲーム→中低　PC→中高　鉄道→中低
  →命名：コンテンツファン
- **クラスター6**：非アニメオタク、非ゲームオタク、非コンピュータオタク、非鉄道オタク
  アニメ→低高　ゲーム→低　PC→低　鉄道→低
  →命名：非オタク趣味

要約：平均

	1	2	3	4	5	6
鉄道の駅弁の興味度	0.75	1.60	4.67	1.00	1.17	0.33
鉄道の時刻表の興味度	0.40	1.20	4.67	0.60	0.75	0.50
鉄道の音の興味度	0.45	1.20	2.67	2.00	0.83	0.58
鉄道の乗車の興味度	0.55	1.20	4.67	2.80	0.92	0.83
鉄道の撮影の興味度	0.70	1.20	4.67	1.40	0.75	0.42
コンピュータの興味度	3.30	1.80	4.00	5.40	3.17	0.42
オンラインスマホゲームの興味度	3.70	2.20	3.33	5.40	1.92	1.08
オンラインPCゲームの興味度	3.40	1.80	3.33	5.60	2.00	0.67
ゲームの興味度	4.15	2.80	3.33	5.20	2.42	1.08
アニメ映画の興味度	1.85	3.80	4.33	3.80	0.83	1.25
アニメの興味度	4.15	5.40	5.00	5.80	1.92	0.92
アニメの聖地巡礼の興味度	4.70	5.40	5.00	5.80	1.50	1.83
漫画の興味度	4.70	4.40	5.33	5.40	1.58	1.33
数	20	5	3	5	12	12
クラスター	1	2	3	4	5	6

	1	2	3	4	5	6
遊園地パルパル（浜松）の訪問回数	0.00	0.00	0.06	0.00	0.20	0.00
各地の鉄道博物館の訪問回数	0.08	0.00	0.00	0.00	0.80	0.00
藤子不二雄ミュージアムの訪問回数	0.00	0.00	0.00	0.00	0.40	0.00
三鷹の森ジブリ美術館の訪問回数	0.00	0.25	0.00	0.00	0.80	2.00
ハウステンボスの訪問回数	0.28	0.25	0.00	0.00	0.00	2.00
志摩スペイン村の訪問回数	0.00	0.00	0.00	0.00	0.00	1.00
八景島シーパラダイスの訪問回数	0.52	1.50	0.24	0.00	0.80	0.00
富士急ハイランドの訪問回数	0.56	2.50	0.12	0.00	1.00	0.00
ナガシマスパーランドの訪問回数	0.00	0.00	0.06	0.00	0.40	0.00
ひらかたパークの訪問回数	0.04	0.00	0.06	0.00	0.40	1.00
ユニバーサル・スタジオの訪問回数	0.56	1.25	0.12	0.00	0.40	2.00
東京ディズニーシーの訪問回数	2.72	2.50	1.53	0.00	0.80	1.00
東京ディズニーランドの訪問回数	3.00	3.00	2.12	1.40	1.80	2.00
数	25	4	17	5	5	1
クラスター	1	2	3	4	5	6

クラスター	数	少年ジャンプのテーマパーク	少年マガジンのテーマパーク	初音ミクのテーマパーク	エヴァンゲリオンのテーマパーク	プリキュアのテーマパーク	セーラームーンのテーマパーク	ゴルゴ13のテーマパーク	クレヨンしんちゃんのテーマパーク	仮面ライダーのテーマパーク
1	5	3.00	1.00	0.60	0.60	0.20	0.00	0.60	1.00	0.40
2	6	0.50	0.50	0.00	0.17	0.67	0.33	0.00	0.67	0.00
3	12	1.17	1.33	1.33	1.25	1.17	1.42	0.83	1.17	1.08
4	14	3.29	2.43	2.07	1.43	1.86	2.14	0.86	1.93	0.86
5	5	3.40	3.00	2.20	1.80	3.00	2.20	1.00	1.40	3.60
6	15	3.07	3.00	2.80	3.13	3.07	3.07	3.07	3.00	3.13

3．発見事項と考察

　ここまで検証してきて次の点を発見した。

　第1に、学部によって傾向が異なることが明らかになった。大阪観光大学のみ観光学部の学生を対象とし、それ以外は情報学部、メディア情報学部、経営学科と観光と無関係の学部の学生を対象とした。そのためか、大阪観光大学の学生は積極的にテーマパークに行き、架空のテーマパークにも行きたいと答える人が多い傾向にあることが明らかになった。さらに大阪観光大学の学生に比べて、静岡大学、目白大学、東京経営短期大学の学生は、観光の一要素である鉄道に関心のある人が少ないようである。大阪観光大学で鉄道マニアおとよ鉄道ファンが多いと感じた。観光の一要素が鉄道であり、鉄道会社に就職したい人は観光学部に入学する傾向にある。そのため鉄道マニアが多いようである。静岡大学では情報学部の学生を対象としたため、コンピュータに関心の強い人が多いようである。テーマパーク等への関心は大阪観光大学の学生に比べて低い。目白大学は東京都新宿区にあるためか、TDLに1回以上行ったことがある人が99%、一名を除いて全員が来園経験があった。TDSに1回以上行ったことがある人は95%である。大阪のUSJに1回以上行ったことがある人は45%であった。大阪観光大学の学生に比べて、全体的にテーマパークに来園する回数が少ない。学部間格差であろう。東京経営

短期大学は千葉県市川市という東京23区に近い立地であるため、東京の大学と言っても間違いではない。留学生比率が高いため、来日してから短い留学生がTDL・TDSに行ったことが無いと推測できる。大阪観光大学の学生と比較して、全体的にテーマパーク来園回数が少ないようである。アジア諸国からの留学生が多いため、日本円で一日7,400円のTDL・TDSは高額すぎるのかも知れない。

　第2に、架空のテーマパークに行きたいかを問う質問で、少年ジャンプのテーマパークに行きたいと答えた学生が4大学併せて最も多いことが明らかになった。その次は少年マガジンのテーマパークである。セーラームーンやプリキュアは子供向けであるため、大学生にはそれほど受けないようである。成人男性向けコミックであるゴルゴ13は不人気のようである。仮面ライダーは時代に合わず、見ていない人が多いようである。テレビ放映が長期間に及ぶクレヨンしんちゃんは人気が高い。学生が子供の頃またはつい最近見たか、見て熱狂したか、などが関係するのだろう。

4．まとめ

　本章では、クール・ジャパン・コンテンツのテーマパーク利用に関するアンケートを4大学で実施し、その結果を分析した。研究方法はアンケート調査で、大阪観光大学、静岡大学、目白大学、東京経営短期大学の4大学の学生に授業内にアンケートをとっている。

　クール・ジャパン・コンテンツをテーマパークに利用して成功している事例が、三鷹の森ジブリ美術館（東京都三鷹市）、藤子・F・不二雄ミュージアム（神奈川県川崎市）である。手塚治虫ワールド（神奈川県川崎市）も計画されていたが、資金繰り悪化や用地の縮小などで中止になった。前著（2013）『テーマパーク経営論-映画会社の多角化編』の第3・4・5章に詳しい。

　東京や川崎市だけではない。『ゲゲゲの鬼太郎』の作者、水木しげる氏の故郷、鳥取県境港市には水木しげる記念館[115]、水木しげるロードがあり、一定の成功を収めている。『アンパンマン』の作者、やなせたかし氏の故郷、高知県香美市には香美市立やなせたかし記念館[116]がある。ディズニーランドのコンテンツはウォルト・ディズニーの映画のテーマパーク化である。USJにハローキティ、ワンピース、バイオハザード、新劇の巨人などクール・ジャパン・コンテンツを導入して一定の成功を収めている。コンテンツをテーマパークで利用することで長期間収益を上げることができる。

---

[115] 水木しげる記念館HP　2016年8月31日アクセス　http://mizuki.sakaiminato.net/
[116] 香美市立やなせたかし記念館HP　2016年8月31日アクセス　http://anpanman-museum.net/

短編5　なぜ広島には大型テーマパークが根付かないのか

1．はじめに

　本編では、なぜ広島にはディズニーランドやユニバーサル・スタジオのような大型テーマパークが根付かないのかを考察する。

　2016年8月、筆者はある広島県のマスメディア企業より質問を受けた。なぜ広島には大型テーマパークが根付かないのか。筆者は広島にはこれまで縁が無く、広島について考える機会が無かった。この機会に考えることとなった。

2．広島に大型テーマパークが根付かない理由

　ここでは広島に大型テーマパークが根付かない理由を先に箇条書きで挙げ、次に詳しく解説する。

①広島県の観光業でツートップは原爆ドームと宮島。両者ともエンターテイメント性は無い。

②エンターテイメント産業では広島カープとサンフレッチェ広島が人気で集客力がある。

③レジャー産業では無料の商業施設が乱立し、テーマパークの強力なライバルになっている。

④広島市内に大きな土地が空いていないので呉市や廿日市市になるが、それでは立地が良くない。現に呉ポートピアランドは潰れている。

⑤新幹線や高速道路で大阪や福岡に出やすい。

⑥大型テーマパークにとって広島の人口では少なすぎる。

　以降、各項目を勧説する。

①広島県の観光業でツートップは原爆ドームと宮島。両者ともエンターテイメント性は無い。

　観光業として広島県の観光業を考えると、ツートップは原爆ドームと宮島である。原爆ドーム（広島平和記念碑）は広島市内、宮島（厳島神社）は廿日市市にある厳島神社である。両者ともエンターテイメント性は無い。それでも両者とも十分な集客力である。特に訪日外国人が増加して以降、外国人観光客も多い。原爆ドームは世界遺産に登録されている。宮島は、宮城県の松原と京都府の天橋立と並ぶ日本三景の一つである。観光客は観光地にエンターテイメント性を求めないことも多々ある。ポーランドのアウシュビッツ強制収容所も世界遺産に登録されて、世界中から観光客が来ている。

②エンターテイメント産業では広島カープとサンフレッチェ広島が人気で集客力がある。

エンターテイメント産業として、広島ではプロ野球の広島カープとプロサッカーJリーグのサンフレッチェ広島が人気で集客力がある。無料でテレビ中継を見ることもできる。

③レジャー産業では無料の商業施設が乱立し、テーマパークの強力なライバルになっている。

　レジャー産業として、広島県だけではなく日本全国で商業施設、ショッピングセンターが乱立され、大量供給されている。2000年代に入って少しずつ大型商業施設が建設され始め、2010年代に入ると供給過剰の様相を呈している。今の商業施設はエンターテイメント性が強く、それなりに無料で数時間楽しめる。

　レジャーや観光のトレンドは「安・近・短」（あん・きん・たん）である。安く、近くで、短時間で楽しむのである。商業施設はまさに安・近・短である。現代の消費者動向を捉えている。

④広島市内に大きな土地が空いていないので呉市や廿日市市になるが、それでは立地が良くない。現に呉ポートピアランドは潰れている。

　広島県内に大型テーマパークを創るのであれば、広島市内の好立地が望ましいが、余地が無い。広島市近くとなると呉市や廿日市市になるが、郊外である。呉市に呉ポートピアランドというテーマパークがあったが1998年に閉園した。その後、呉ポートピアパーク[117]という公園になっている。

⑤新幹線や高速道路で大阪や福岡に出やすい。

　広島は山陽新幹線沿いなので新幹線や高速道路で大阪や福岡に出やすい。東京までも行きやすい。そのため広島に大型テーマパークが無くてもたまの旅行として東京や大阪に行けばいいと考える人が多いだろう。

⑥大型テーマパークにとって広島の人口では少なすぎる。

　広島県の人口は2016年7月現在、282万2,319人である[118]。参考までに、ユニバーサル・スタジオ・ジャパン（USJ）のある大阪府の人口は2016年7月現在、883万9,959人である

---

[117] 呉ポートピアパークHP　2016年8月26日アクセス　http://www.kurepo.com/
[118] 広島県「広島県の人口移動（広島県人口移動統計調査）最新」2016年8月26日アクセス
https://www.pref.hiroshima.lg.jp/soshiki/21/jinkougepposaisin.html

119。東京都の人口は2016年7月現在、1361万7,445人である[120]。東京ディズニーリゾート（TDR）のある千葉県の人口は2016年7月現在、624万379人である[121]。

　広島市周辺は太平洋工業ベルトなので人口と産業の集積であり好立地である。それでもTDRやUSJのある地域の人口に比べて少ない。

3．広島に大型テーマパークは無いままなのか

　上記のようにマスメディア企業の担当者（A氏とする）に説明したら、A氏から「ということは、もう広島には大型テーマパークはできないのでしょうか」と聞かれた。筆者は考えた。おそらく、広島に大型テーマパークはできないという結論にすると番組としてまずいのだろう。そこで筆者は考えた。その結論は次のようになっている。

　広島にTDRやUSJの規模のテーマパークは人口が極端に増えない限り不可能である。旧来型の遊園地はどこも寂れて陳腐化が進んでいる。呉ポートピアランドの二の舞になるくらいなら新設されない方がいいだろう。2017年4月に名古屋市に開業するレゴランド名古屋のような小規模なテーマパークならば広島県の人口でも巧みなマーケティング次第では可能かも知れない。レゴランド名古屋は総工費320億円である。参考までに、東京ディズニーランドは総工費約1,800億円（1983年の物価で）、東京ディズニーシーは総工費約3,200億円（2001年の物価で）、USJの総工費は約1,800億円（2001年の物価で）である。レゴランド名古屋の総工費320億円ならば、単純に東京ディズニーシーの初期の10分の1の規模と考えていい。それでも愛知県の人口は2016年7月現在、750万4,117人である[122]。愛知県は名古屋市の東側にトヨタ自動車の企業城下町が広がる。人口が多く、平均所得も高い。交通の便がいいので遠方から集客しやすい。

　それよりも、キッザニア型の小規模な職業体験テーマパークならば十分に可能性がある。キッザニアは子供向けの職業体験のテーマパークである。アトラクションは実際の企業が出店しているため本物で職業体験ができる。キッザニア東京は東京都江東区豊洲のららぽーと豊洲という商業施設にテナントとして入っている。キッザニア甲子園は兵庫県西宮市甲子園のららぽ

---

119 大阪府「大阪の毎月推計人口」2016年8月26日アクセス　http://www.pref.osaka.lg.jp/toukei/jinkou/
120 東京都の統計「東京都の人口（推計）」2016年8月26日アクセス
http://www.toukei.metro.tokyo.jp/jsuikei/js-index.htm
121 千葉県「千葉県毎月常住人口調査月報　2016年8月26日アクセス
https://www.pref.chiba.lg.jp/toukei/toukeidata/joujuu/geppou/2016/201607.html
122 愛知県「愛知県人口動向調査結果　月報　あいちの人口（推計）2016年8月26日アクセス
http://www.pref.aichi.jp/soshiki/toukei/0000088835.html

ーと甲子園にテナントとして入っている。立地の人口は重要であるためほとんどのテーマパーク、レジャー施設、エンターテイメント産業が東京周辺と大阪周辺に偏在している。両都市ともエンターテイメント施設の供給過剰である。それ以外にも秋葉原のような街は、街全体にテーマがある。クール・ジャパン・コンテンツを好きな人にとっては街全体がテーマパークである。秋葉原以外にもテーマ性の強いエリアはその趣味の人にとってはテーマパークである。東京周辺と大阪周辺だけエンターテイメント産業が過剰なので、広島くらいの規模の街にも分散された方がいい。

4．まとめ

　なぜ広島にはディズニーランドやユニバーサル・スタジオのような大型テーマパークが根付かないのか。簡潔に言うとこうなる。広島の観光業は原爆ドームと宮島（厳島神社）がツートップで、エンターテイメント産業では広島カープやサンフレッチェ広島が人気である。無料でテレビ中継を見ることもできる。レジャー産業では無料の商業施設に顧客を奪われている。東京、大阪、福岡への交通の便が良いので大型テーマパークに数年に一度行けばいい人が多いだろう。それ以前に、広島県の人口では大型テーマパークに耐えうる市場になり得ないだろう。

　広島の人が地元にテーマパークを望むのならば、キッザニアのような商業施設にテナントで入れる職業体験テーマパークがお勧めである。小さい箱にぎっしり客が入っている状態で、顧客単価が高いと利益率が高くなる。テーマパークの箱を大きく創ると、TDR並に常時集客できなければ、どうしても利益率が低い。その割に固定費は高額で、エアコン等の温度設定で工夫してもそれほど節約できない。

　つまり、箱は小さく低コスト、それでいて魅力ある施設を創る必要がある。それで成功している小規模なテーマパークに三鷹の森ジブリ美術館（東京都三鷹市）と藤子・F・不二雄ミュージアム（神奈川県川崎市）が挙げられる。計画中止になったが手塚治虫ワールド（神奈川県川崎市）もコンセプトとして練られていた。三鷹の森ジブリ美術館は宮崎駿氏とスタジオジブリが、藤子・F・不二雄ミュージアムは藤子・F・不二雄氏の妻子等が経営する藤子プロが、手塚治虫ワールドは手塚治虫氏の妻子等が経営する手塚プロが、それぞれ行政や民間企業とともに経営している。前著（2013）『テーマパーク経営論−映画会社の多角化編』の第3・4・5章に詳しい。既に成功している漫画家やアニメーターの博物館型のテーマパークがお勧めである。

＜参考文献＞
- 　中島　恵（2013）『テーマパーク経営論−映画会社の多角化編』三恵社

短編6　エンターテイメント産業のトップ企業の類似性
－ウォルト・ディズニー社とレアル・マドリード－

1．はじめに

　「ディズニーは特殊企業」「ディズニーだからそうなる」「他の企業ではそうならない」と
よく言われた。筆者は大学院時代に修士論文のテーマとして東京ディズニーリゾート（TDR）
の現場のアルバイト（キャスト）の人材育成を研究し始めた。それを学内や研究会で発表する
たびに、ディズニーランドは特殊、他の企業ではそうならない、したがって一般性は無いと言
われ続けた。経営学の研究者である筆者は、経営学の作法に則る必要がある。学問の原則は理
論の一般化である。一般性が必要となる。

　その後、TDRのキャストの人材育成だけではなく、他のテーマパークの研究を始めた。場合
によって、理論研究をしっかりやって、その理論枠組を4社のケースで検証する研究もした。
これは博士論文として提出するも、理論研究の脆弱さが原因で不合格（リジェクトと言う）と
なった。研究職に就いてからは、オリエンタルランドと米ウォルト・ディズニー社の経営戦略
比較など研究の範囲を広げ、「ディズニーのアルバイトの人材育成やモティベーション向上策
は特殊事例」と言われることは無くなった。

　しかしずっと気になっていた。ディズニーと類似した企業は無いものか探していた。そして
このたび遂に見つけた。ディズニーとよく似た企業、それもディズニーに負けないブランド力
と知名度を誇る派手な企業を。派手さとブランド力でディズニーに負けない企業をやっと見つ
けた。それはレアル・マドリード、スペインのプロサッカーチームである。

　ディズニー社の直接的なライバルはユニバーサル・スタジオなどハリウッドBIG6である。
ハリウッドBIG6とはディズニー、ユニバーサル・スタジオ、ワーナー・ブラザース、20世紀
FOX、パラマウント、ソニー・エンターテイメントである。これら映画会社の比較研究はアメ
リカで盛んである。一方、レアル・マドリード（以降レアル）の直接的なライバルはFCバル
セロナ（以降バルサ）である。レアルとバルサは勝敗、勝ち点、監督、選手、フロント（経営
陣）、戦術などが比較される。

　本編では、米ウォルト・ディズニー社（ディズニー社）とレアル・マドリードの類似性を考
察する。本編でディズニーとはTDRを経営するオリエンタルランドではない。

　なお、サッカーなどのスポーツビジネスはエンターテイメント産業であり、同時に観光資源
でもある。レアルのファンは世界中に広がるため、広範囲からの観光客を見込め、経済活性化
につながる。スポーツを目的とする観光をスポーツ・ツーリズムという。

２．ディズニー社とレアル・マドリードの企業価値比較

　ここではディズニー社とレアルの企業価値、ブランド価値などをフォーブス（FORBS）のランキングをもとに比較する。フォーブスはアメリカ企業なのでアメリカ人に馴染みのある企業ほど選出されやすい傾向にある。

　ディズニー社は 2015 年世界で最も高価値なブランドランキングで 11 位、ブランド価値 364 億ドル（約 3 兆 4,600 億円）で前年比 26％増加した。これはブランド価値なので売上高や利益ではない。ディズニー社の売上高は 524 億 6,500 ドル[123]（約 5 兆 2,465 億円）である。

　レアルは 2015 年世界最高額のサッカーチームランキング 1 位で、資産価値 32 億 6,000 万ドル（約 3,260 億円）、売上高 7 億 4,600 万ドル（約 746 億円）、利益 1 億 7,000 万ドル（約 170 億円）である。2 位のバルサもそれほど差は無い。3 位、マンチェスター・ユナイテッド、4 位、バイエルン・ミュンヘンと続く。1 位から 3 位までは大きい差は無く拮抗している。5 位以下は大きく下がる。

　売上高で見ると、ディズニー社は約 5 兆 2,465 億円、レアルは約 746 億円と約 70 倍の差がある。それでもディズニー社とレアルは類似性が強い。

　ここで国名を漢字一文字表記で覚えよう。英＝イギリス（英吉利）、仏＝フランス（仏蘭西）、西＝スペイン（西班牙）、伊＝イタリア（伊太利亜）、独＝ドイツ（独逸）、土＝トルコ（土耳古）である。

　サッカーの名門リーグと言えば、現在ではブラジルよりもヨーロッパ四大リーグである。それは、①スペインの「リーガ・エスパニョーラ」、②イギリスの「プレミアム・リーグ」、③ドイツの「ブンデス・リーガ」、④イタリアの「セリエ A」（セリエアー）である。表 2 のランキングでは 1 位から 19 位に四大リーグのチームが入っている。ただし 12 位はフランスのパリ・サンジェルマンである。フランスがヨーロッパで第 5 位のリーグと言われている。パリ・サンジェルマンはフランス一の名門チームである。

---

[123] The Walt Disney Company「2015 Annual Report」2016 年 9 月 30 日アクセス　https://ditm-twdc-us.storage.googleapis.com/2015-Annual-Report.pdf

表1：FORBS2015年世界で最も高価値なブランド上位20社

	社名	日本名	ブランド価値	前年比
1	Apple	アップル	1,453億ドル	17%増
2	Microsoft	マイクロソフト	693億ドル	10%増
3	Google	グーグル	656億ドル	16%増
4	Coca-Cola	コカコーラ	560億ドル	0%
5	IBM	IBM	498億ドル	4%増
6	McDonald	マクドナルド	395億ドル	−1%
7	Samsung	サムスン	379億ドル	8%増
8	Toyota	トヨタ	378億ドル	21%増
9	General Electric	ゼネラル・エレクトリック	375億ドル	1%増
10	Facebook	Facebook	365億ドル	54%増
11	**Disney**	**ディズニー**	**346億ドル**	**26%増**
12	AT&T	AT&T	291億ドル	17%増
13	Amazon.com	アマゾン	281億ドル	32%増
14	Louis Vuitton	ルイ・ヴィトン	281億ドル	−6%
15	Cisco	シスコ	276億ドル	−2%
16	BMW	BMW	275億ドル	−5%
17	Oracle	オラクル	268億ドル	4%増
18	Nike	ナイキ	263億ドル	4%増
19	Intel	インテル	258億ドル	−8%
20	Wal-Mart	ウォルマート	247億ドル	6%増

出典：Forbs Japan「世界で『最も高価値なブランド』上位25社　トヨタが8位に」2016年3
月30日アクセス　http://forbesjapan.com/articles/detail/4776

表2：FORBS世界最高額のサッカーチームランキング2015年上位20社（単位：米ドル）

	チーム名	国	資産価値	収入	営業利益
1	**レアル・マドリード**	**西**	**32億6000万**	**7億4,600万**	**1億7,000万**
2	FCバルセロナ	西	31億6,000万	6億5,700万	1億7,400万
3	マンチェスター・ユナイテッド	英	31億	7億300万	2億1,100万
4	バイエルン・ミュンヘン	独	23億5,000万	6億6,100万	7,800万
5	マンチェスター・シティ	英	13億8,000万	5億6,200万	1億2,200万
6	チェルシー	英	13億7,000万	5億2,600万	8,300万
7	アーセナル	英	13億1,000万	4億8,700万	1億100万
8	リバプール	英	9億8,200万	4億1,500万	8,600万
9	ユヴェントス	伊	8億3,700万	3億7,900万	5,000万
10	ACミラン	伊	7億7,500万	3億3,900万	5,400万
11	ボルシア・ドルトムント	独	7億	3億5,500万	5,500万
12	パリ・サンジェルマン	仏	6億3,400万	6億4,300万	140万
13	トッテナム・ホットスパー	英	6億	2億9,300万	6,300万
14	シャルケ04	独	5億7,200万	2億9,000万	5,700万
15	インテルミラノ	伊	4億3,900万	2億2,200万	4,100万
16	アトレティコ・マドリード	西	4億3,600万	2億3,100万	4,700万
17	SSCナポリ	伊	3億5,300万	2億2,400万	4,300万
18	ニューカッスル・ユナイテッド	英	3億4,900万	2億1,000万	4,400万
19	ウェストハム・ユナイテッド	英	3億900万	1億8,600万	5,400万
20	ガラタサライSK	土	2億9,400万	2億2,000万	▲3,700万

出典：Forbs Japan「世界最高額のサッカーチームランキング2015　上位20」2016年3月30
日アクセス　http://forbesjapan.com/articles/detail/4193

３．ディズニー社とレアル・マドリードの類似性

　ディズニー社とレアルは売上高の規模は桁違いであるが、類似性が強い。それは、エンター
テイメント産業、高い企業価値、ブランド力、知名度、熱狂的なファン、世界で一番派手な企
業、世界で一番華やかな仕事、強力なライバル、レッドオーシャン市場[124]で死闘を展開、徹底

---
[124] レッドオーシャン市場とは、既に飽和して大量のライバルがおり、少ないパイを巡って熾烈な戦い、血で

した才能主義、能力主義、成果主義、世界最高峰を目指す方針、夢と憧れと情熱と興奮と熱狂を売って世界中にファンがいること、そこで勝てる人にとっては世界で一番遣り甲斐のある仕事などである。両社の本当の商品は夢と憧れと情熱と興奮と熱狂である。そのためには、エンターテイメント性あるスター選手が必要である。地味な選手より派手な選手が重要な経営資源となる。しかし地味な選手がいるから派手な選手が引き立てられる。

ウォルト・ディズニーはアメリカで立志伝中の人である。アメリカでは俳優、映画監督、映画プロデューサーなどは憧れの対象である。同様に、サッカー選手や監督も憧れの対象である。彼らは演技、監督、プロデュース、サッカーなどで高業績を上げるだけではなく、夢と憧れと情熱と興奮と熱狂を顧客に与え、楽しませることが本当の仕事である。それができる才能と華が必要である。

そのため彼らの舞台裏では世界で一番過酷な競争が展開されている。多くの人が夢破れて去って行く。その競争の中で鍛えられ、勝ち進んだ人だけが表舞台で活躍できる。その過酷さを知っているからこそ世界中のファンは熱狂する。

さらに考えて、エンターテイメント産業以外でディズニー社とレアルによく似た企業を見つけた。それはフェラーリ（特にF1部門）とゴールドマンサックス等の外資系投資銀行である。ゴールドマンサックスの組織文化は「Up or Out?」（アップ・オア・アウト？）である。それは業績アップするか、会社を辞めるか（解雇または自発的に退社）という脅しである。これをレアルでは「どんな試合でも勝ち以外許されない」と言う。引き分けと負けは許されない。レアルと外資系金融は類似の組織文化である。ブランド力、知名度、憧れ感、派手さ、世界最高峰、全てディズニー社、レアル、フェラーリ、ゴールドマンサックスは類似性が強い。

これら四社の類似点は、強い成果主義、グリード（greed：強欲）資本主義、大きな差が開くことを強く望む資本主義、ワークライフバランス不要で邁進する人のみが生き残れることである。その舞台裏は世界で一番過酷な競争である。映画やテーマパーク関連を目指す人はディズニー社を目標にし、サッカー選手を目指す人はレアルを目標にし、F1レーサーや自動車のエンジニアを目指す人はフェラーリを目指し、投資銀行マンを目指す人はゴールドマンサックスを目指す。一部のトップクラスの人材に巨額報酬、地位、名誉、名声がもたらされ、スーパースターになる。フェラーリのF1ドライバーは常時2名しかなれない。

さらなる類似性は、速いペースで首になること、情け容赦ないこと、トップマネジメント（CEO・会長・社長等）すら首になること、辞めた後にディズニー、レアル、フェラーリ、ゴ

血を洗う戦いをしている市場のことである。

ールドマンサックスでの職歴は強いキャリアになり、それを持って同業種で次の就職活動（サッカー選手はチーム移籍）が可能なことである。世界で一番過酷な競争をしている間に実力を上げてきた成果である。ただしサッカー選手は値段が上がりすぎると次に買ってくれるチームが現れにくくなる。そのまま引退に追い込まれることもある。

　負の側面としては、四社ともに水商売とギャンブルの複合である。景気の善し悪しに大きく左右される。努力だけではどうしようもなく、運や賭けの側面が強い。獲得した選手が活躍してくれるか、移籍金が高くなるかなど全く未知数である。

4．まとめ

　本編では、「派手さでディズニー社に負けないこと」「本当の商品は夢と憧れと情熱と興奮と熱狂」を基準に類似した企業を選んだ。興奮するとき脳内ではドーパミン、アドレナリンなどの快感物質、興奮物質が分泌され、快感を感じ興奮する。それには繰り返し欲しくなる常習性がある。ドーパミンは覚醒剤がもたらす快感と似ているとされている。例えば、パチンコ依存症の人はパチンコ中に、買い物依存症の人は買い物中に大量のドーパミンを分泌させて快感を感じる。それで止められなくなる。ディズニー社、もっと言うとハリウッドの映画会社や俳優、映画監督に憧れる人、レアルやスター選手に熱狂する人、フェラーリが欲しくて仕方ない人、フェラーリのF1ファンはそれらを見ながらドーパミンを分泌させる。他者にドーパミンを分泌させられることがスターの要因である。

　これを書く中で、筆者は夢と憧れを感じ、情熱を持ち、熱狂し興奮できる対象を研究したいと言うことに気づいた。そうしないと研究に燃えることができない。燃えなければ研究に耐えうる精神状態を維持できない。研究に燃えるにはその対象に興奮し熱中している必要がある。対象に夢中にならなければ研究は進まない。だから筆者は大学院修士課程の時からテーマパーク、特にディズニー研究に燃えて夢中になってきたのだ。このたびそれに遂に気づいた。

　なお、四社の相違点としては、①ゴールドマンサックスはB to B（Business to Business：企業から企業への取引）のみである。ディズニー社、レアル、フェラーリはB to C（Business to Consumer：企業から消費者へ）がメインで、B to Bの部門もある。②レアルはスペイン国内のサッカーチームで、世界的に展開する企業ではない。ただし世界的に放映権ビジネスで収益を上げている。

　スペイン語ができないためレアルの情報をほとんど得ることができない。同じ理由で他の人もほとんど研究していないようである。今後苦戦しながらもレアルの研究をしたい。

著者紹介

中島　恵（なかじま　めぐみ）

東京経営短期大学　総合経営学部　専門講師

学位：修士（経営学）
専門：経営学、経営戦略論、観光経営論、テーマパーク経営論、テーマパーク産業論、
レジャー産業論
略歴：
明治大学大学院経営学研究科博士前期課程修了
明治大学大学院経営学研究科博士前期課程単位取得満期退学
明治大学経営学部専任助手
星稜女子短期大学（現・金沢星稜大学）経営実務科専任講師
大阪観光大学観光学部専任講師を経て現職

主要業績：
中島　恵（2011）『テーマパーク産業論』三恵社
中島　恵（2012）『テーマパーク産業の形成と発展　―企業のテーマパーク事業多角化の経
営学的研究―』三恵社
中島　恵（2013）『テーマパークの施設経営』三恵社
中島　恵（2013）『テーマパーク経営論　―映画会社の多角化編―』三恵社
中島　恵（2013）『東京ディズニーリゾートの経営戦略』三恵社
中島　恵（2014）『ディズニーランドの国際展開戦略』三恵社
中島　恵（2014）『ユニバーサル・スタジオの国際展開戦略』三恵社
ブログ：テーマパーク経営研究室　中島　恵ゼミナール
　　　　http://ameblo.jp/nakajima-themepark-labo

観光ビジネス

2016年10月12日	初版発行
2017年 4 月15日	第3刷発行

著　者　　**中島　恵**
　　　　　　Nakajima, Megumi

定価（本体価格1,800円＋税）

発行所　　　株 式 会 社　　三 恵 社
〒462-0056 愛知県名古屋市北区中丸町2-24-1
TEL 052（915）5211
FAX 052（915）5019
URL http://www.sankeisha.com

乱丁・落丁の場合はお取替えいたします。　　　　　　　　　©2016 Megumi Nakajima
ISBN978-4-86487-581-3 C3034 ¥1800E